A citação no processo civil e sua inaplicabilidade via WhatsApp.

Comentários, legislações e jurisprudências pertinentes.

Leonardo Henrique Souza dos Reis[1]

Adriano Roberto Vancim[2]

---

1   Bacharelando em Direito pelo Centro Universitário da Fundação Educacional de Guaxupé – UNIFEG, estagiário do Tribunal de Justiça do Estado de Minas Gerais, lotado na Unidade Jurisdicional Cível e Criminal da Comarca de Guaxupé, Estado de Minas Gerais.

2   Bacharel em Direito. Especialista em Direito Administrativo e em Direito Educacional. Advogado. Servidor Público vinculado à Unidade Jurisdicional do Juizado Especial da Comarca de Guaxupé/MG. Aprovado no concurso para Notário e Registrador promovido pelo Tribunal de Justiça do Estado de Minas Gerais - TJMG. Autor e co-autor de inúmeros artigos jurídicos publicados em revistas especializadas. Autor e co-autor de obras jurídicas, dentre as quais, "Sinopse de Direito Internacional", "Sinopse do Estatuto da Criança e do Adolescente", "Sinopse de Direito do Consumidor", "Curso Preparatório para o Exame de Ordem – Prova Objetiva e Parte Teórica", "Direito para Concursos Públicos", "Direito & Internet: Contrato Eletrônico e Responsabilidade Civil na Web – Jurisprudência Selecionada e Legislação Internacional Correlata", "Marco Civil da Internet", "Contrato Eletrônico: Aspectos Jurídicos" e "Lei dos Juizados Especiais Anotada e Interpretada – Cível, Criminal e Fazenda Pública". Medalha Desembargador Hélio Costa conferido pelo TJMG.

Aos meus pais, Débora e João Batista, toda minha família, minha namorada, Gabriele, e a todos do Juizado Especial de Guaxupé.

ÍNDICE

INTRODUÇÃO

Transparecendo o direito fundamental ao contraditório e ampla defesa, a citação sempre esteve presente na justiça humana, com indícios na ordem divina e até mesmo com posição destacada em instrumentos normativos históricos, sendo um dos raros institutos jurídicos pouco modificados ao longo da história processual.

Esta obra busca entender a citação no processo civil como um ato histórico, visando uma explicação teórica e aplicação prática, encontrando supedâneo na doutrina e legislação transparecidos nas jurisprudências brasileiras, com especial atenção aos julgados do Egrégio Tribunal de Justiça de Minas Gerais, de modo a entender sua transformação e modernização, comparando-as, inclusive com ordenamentos jurídicos estrangeiros, sobretudo ante a reforma do Código de Processo Civil e as novas possibilidades de cumprimento da diligência citatória.

Desta maneira, a pesquisa demonstra que o instituto da citação sempre possuiu função de essencial importância no âmbito do direito público e privado, tendo o condão de integrar formalmente o(s) requerido(s) à lide, sendo necessária para a formação da relação processual[3], buscando ainda entender as consequências da não realização deste ato segundo os ditames legais.

Por essa razão, a lei prevê expressamente que o instituto da citação constitui requisito intrínseco à validade processual, muito embora haja argumentos no sentido de que a citação seja pressuposto de constituição, "ao lado da petição inicial, da capacidade postulatória, exclusivamente para o autor, e da autoridade jurisdicional"[4].

De todo o modo, o ordenamento processual civil pátrio, no que tange à citação, rege-se pelo brocardo *nemo debet inauditus damnari*[5], neste sentido, acaso não realizado da forma pela qual prevê os artigos 238 a 259, dado a sua importância e indispensabilidade, acarretará na invalidação dos demais atos praticados, salvo os casos expressamente previstos em lei[6].

---

3 WAMBIER, T. A. A. e outros. **Breves Comentários ao Novo Código de Processo Civil**. São Paulo: Revistas dos Tribunais. 2016. p. 759.

4 MONTENEGRO FILHO, M. **Novo Código de Processo Civil Comentado**. São Paulo: Atlas. 2018. p. 225

5 Ninguém deve ser condenado sem ser ouvido.

6 CAPUTO, P. R. S. **Novo Código de Processo Civil Articulado:** remissões, referências, comentários e notas, quadro comparativo. 2. ed. Leme: JHMIZUNO. 2016. p. 275.

Ciente disto, o Código de Processo Civil de 2015 inovou ao trazer em seu rol de modalidades, a citação através de meio eletrônico, surgindo daí a dúvida quanto a aplicabilidade e eficácia do cumprimento deste ato através do aplicativo mensageiro WhatsApp, ainda mais após a utilização do aplicativo para realizações de intimações no âmbito dos Juizados Especiais Cíveis.

Desta forma, traçaremos uma linha através da história do direito, buscando entender a evolução deste tão importante ato processual, visando ainda explicar, inclusive, os princípios constitucionais que regem a citação no âmbito do Direito Processual Civil.

1. O QUE É CITAÇÃO NO PROCESSO CIVIL E QUAL A SUA ORIGEM?

Este capítulo buscará trazer a conceituação do ato processual em análise, fazendo-se, após, uma breve explanação sobre alguns dos muitos ordenamentos jurídicos que previam tal diligência, comparando-as, singelamente, com a atual visão prática, demonstrando, ainda, os pilares constitucionais que sustentam o instituto da citação no processo civil brasileiro.

1.1. Conceito de citação

1.1.1. Natureza jurídica da citação

A citação é o ato processual pelo qual o réu, executado ou interessado é convocado a compor o polo passivo da ação, tomando ciência daquilo que lhe é demandado, para que, querendo, ofereça a defesa adequada e acompanhe os autos e demais peças adjacentes.

"Citação é chamamento com a cognição do objeto da causa pelo citado, para que possa defender-se[7]".

É um dos atos de maior relevância ao processo, sobretudo de forma a garantir o devido processo legal e o

---

7 MIRANDA, P. **Comentários ao Código de Processo Civil,** tomo III: arts. 154 a 281 3. ed. Rio de Janeiro: Forense, 1996. p. 199.

4

direito ao contraditório, tratando-se, assim, de um requisito para a validade de todo o procedimento[8], referida comunicação possui dupla funcionalidade, *in ius vocatio*, a de convocar o interessado para comparecer em juízo, e *edictio actionis*, a de tornar o mesmo ciente do que lhe é demandado[9].

O conceito legal de citação, encontra-se previsto no Art. 238 do Código de Processo Civil, mencionando que a "citação é o ato pelo qual são convocados o réu, o executado ou o interessado para integrar a relação processual[10]".

Insta salientar que parcela da doutrina compreende que a nomenclatura adotada pelo Art. 238 do diploma normativo em questão, "ato pelo qual são convocados o réu (...)", mostra-se equivocada, sob o argumento de que, não

---

8 STRECK, L. L. NUNES, D. CUNHA, L. C. FREIRA, A. **Comentários ao Código de Processo Civil.** São Paulo: Saraiva, 2016.

9 DIDIER Jr, F. **Curso de direito processual civil: introdução ao direito processual civil, parte geral e processo de conhecimento.** 19. ed. Salvador: Jus Podivm, 2017.

10 BRASIL. **Código de Processo Civil.** Planalto, 2015. Disponivel   em: <http://www.planalto.gov.br/ccivil_03/_ato2015-2018/2015/lei/l13105.htm>. Acesso em: 10 jan. 2020.

trata-se de uma convocação literal, mas tão somente de uma carta convite ao processo, sendo certo que os atos de defesa no âmbito processual civil, público ou privado, possui cunho facultativo[11], não havendo maiores punições, salvo os efeitos da revelia[12].

Data vênia, não nos parece a teoria mais acertada, visto que a convocação mencionada no Artigo em análise possui duas faces distintas, e seus efeitos devem ser estudados separadamente.

No que tange à formação da relação processual, a parte requerida da ação não é convidada a participar, visto que a sua inclusão no polo passivo independerá de sua anuência, estando sujeito, desde já, aos efeitos materiais e processuais da citação.

Entretanto, a obrigatoriedade na participação do demandado no processo civil não se estende aos demais efeitos, certo que o mesmo não precisa sequer atender aos chamamentos judiciais, constituir procurador para apresentação de contestação ou defesa técnica apropriada e

---

11 RAMOS, V. P. Ônus da Prova no Processo Civil. Do Ônus ao Dever de Produzir Provas. São Paulo: Editora RT, 2015. p.53 e ss).
12 Artigo 344 do Código de Processo Civil.

cumprir os demais atos processuais, surgindo daí o cunho facultativo da citação.

Concluindo, o réu, executado, ou interessado, nos moldes do Art. 238 do Código de Processo Civil, é convocado a compor a relação processual dos autos, estando, a partir daí, sujeito aos efeitos do processo como um todo, mesmo que seja facultativa a sua participação ativa no desenrolar da lide.

Portanto, a pendência do processo transforma-se em uma relação jurídica processual entre aqueles convocados à lide, surgindo daí uma série de direitos e deveres os quais vinculam as partes e o próprio Estado, por meio do Juiz[13].

Sobre o tema, o brilhante entendimento do renomado autor brasileiro Pontes de Miranda, aduz que as terminologias utilizadas por nosso ordenamento jurídico para o instituto citatório mostram-se coerentes, visto que não é apenas apresentando defesa técnica, como contestação e impugnação, que alguém se defende[14].

---

13   THEODORO Jr, H. **Curso de direito processual civil.** 59. ed. Rio de Janeiro: Forense, 2018. p. 190.
14 MIRANDA, P. **Comentários ao Código de Processo Civil,** tomo III: arts. 154 a 281 3. ed. Rio de Janeiro: Forense, 1996. p. 199.

Por fim, importa argumentar que havendo a aplicação dos efeitos da revelia, mostra-se necessária uma ampla garantia de formalidade na citação, sobretudo de modo a se evitar cerceamento de defesa[15], resultando na nulidade processual, ainda mais por tratar-se de matéria de ordem pública.

1.1.2. Citação: pressuposto de existência ou validade do processo?

Ao discorrer sobre a citação e seus efeitos, naturalmente acabamos esbarrando na maior divergência doutrinária acerca deste ato processual. É que, parcela da doutrina compreende a citação, como pressuposto a existência jurídica do processo, enquanto outra pressupõe que a citação se trata de requisito à validade procedimental.

Os adeptos da primeira doutrina, argumentam que a citação é requisito intrínseco à existência jurídica do processo, desta forma, sem o devido cumprimento do ato citatório, jamais haveria um processo, ante o fundamento de não formação da relação processual.

---

15 Muito embora não se verifica ocorrência de cerceamento de defesa por violação ao princípio do contraditório quando ausente prejuízo. (Agravo de Instrumento-Cv 1.0775.19.000222-7/001 - TJMG)

Antemão, a doutrina divergente desta, argui que o processo já possui existência sem a citação, aduzindo, para tanto, que o ato citatório possui condão de validar o processo, encontrando supedâneo na possibilidade de, inclusive, ter nos autos sentença válida, como nos casos de indeferimento da petição inicial ou improcedência liminar do pedido[16].

De início, cumpre mencionar que o Código de Processo Civil pátrio faz adoção a segunda doutrina, como pressuposto de validade, conforme expõe Scarpinella, apesar de expressamente divergir da escolha do legislador:

> É correto entender que a citação é pressuposto de existência do processo, embora o caput do art. 239 limite-se a se referir a ela como pressuposto de validade, excepcionando as hipóteses de indeferimento da petição inicial (art. 330) e de improcedência liminar do pedido (art. 332), dando,

---

16 GORERI, J. Da citação e sua natureza jurídica e suas modalidades previstas no novo Código de Processo Civil. **Jus**, 2017. Disponível em <https://jus.com.br/artigos/59434/da-citacao-e-sua-natureza-juridica-e-suas-modalidades-previstas-no-novo-codigo-de-processo-civil> Acesso em 29 jan. 2020.

adequadamente, preponderância ao princípio da efetividade sobre o da ampla defesa[17].

Com críticas, Pontes de Miranda argumenta em um caminho diverso, para este, dizer que a citação é necessária para a validade do processo é algo fora da ciência, visto que há ações que independem da citação[18], e pensar, até mesmo fora destes casos, que o processo inicia-se tão somente com o cumprimento do ato citatório é equivocado, visto que, desde o Código de 1973 abstraiu-se a "hipótese de se tratar de ação em que se não exige a angularidade da relação jurídica. Se não é angular, o processo existe, vale e é eficaz[19]"
.

Mesmo com tais discordâncias, certo dizer que o ato citatório possui indispensabilidade à formação da relação

---

17 BUENO, C. S. **Manual de direito processual civil:** inteiramente estruturado à luz do novo CPC, de acordo com a Lei n. 13.256, de 4-2-2016. 2. ed. São Paulo: Saraiva, 2016.

18 MIRANDA, P. **Comentários ao Código de Processo Civil,** tomo III: arts. 154 a 281 3. ed. Rio de Janeiro: Forense, 1996. p. 201.

19 MIRANDA, P. **Comentários ao Código de Processo Civil,** tomo III: arts. 154 a 281 3. ed. Rio de Janeiro: Forense, 1996. p. 201.

processual entre os litigantes e o juiz, operando-se como meio estabilizador desta relação[20].

---

20 TJMG - Apelação Cível 1.0079.08.426387-4/002, Relator(a): Des.(a) Bitencourt Marcondes, 1ª CÂMARA CÍVEL, julgamento em 01/11/2016, publicação da súmula em 10/11/2016.

1.2. História da citação

A citação é o pilar do contraditório, e assim o sendo, mostra-se indispensável ao devido processo legal, surgindo daí a necessidade de ser permanentemente prestigiada, neste caminho, a melhor forma de compreender um instituo processual, é buscarmos na história do direito a sua fonte, somente assim entenderemos a sua fundamental importância, em melhores palavras:

> Uma das principais formas de valorização desse instituto processual é a sua análise histórica, de modo a mostrar os contornos das suas origens e a sua grande importância ao longo dos tempos. Ao contrário do que possa parecer à primeira vista, a abordagem histórica é, para o direito, algo de primeira grandeza[21].

Neste caminho nos ensina Fernando de Almeida:

> Ademais, enganar-se-ia quem supusesse, ainda que de leve, que os textos legais emergem da criação humana, independentemente da experiência de legisladores precedentes[22].

---

21 SILVA, V. A. **A citação nas Ordenações do Reino Lusitano**. Revista Magister de Direito Civil e Processual Civil nº 14 – Set/Out de 2006.

Com tais dizeres, este capítulo demonstrará as principais fases da citação na história do direito.

1.2.1. Citação como direito natural e divino

A citação válida é regra de direito universal, repousando sob o manto do direito natural, estando intrinsecamente ligada ao fato de que ninguém há de ser condenado sem antes ser escutado.

Buscando conceituar o direito natural, temos que "as leis naturais são as leis do ser. Uma vez ocorridas determinadas circunstâncias, ocorrerão inexoravelmente determinados efeitos[23]".

Sobre a origem da citação, muitos doutrinadores buscam respostas na ordem divina, conforme é possível extrair dos ensinamentos de Aragão:

> Instituindo a indispensabilidade da citação inicial, os mais antigos juristas consideram-na uma norma de Direito Divino, cuja presença era imperativa nas leis de todos os povos, Como por exemplo da

---

22 ALMEIDA, F. H. M. **Ordenações Filipinas** (anotadas). São Paulo: Saraiva, vols. 1 e 3, 1966.
23   VENOSA, S. S. **Direito Civil:** Parte Geral. 4 ed. São Paulo: Atlas, vol 1, 2004.

primeira citação ocorrida na História apontavam a de Adão[24].

Para compreendermos a história de Adão, acredita-se que Deus, ao procurá-lo para o castigar, ante ao primeiro pecado por ele cometido, previamente o interpelou: *"Vocactique Dominus Deo Adam et dixit ei: Ubi est?*[25]

Desta maneira nos ensina o Evangelho de São João: *Nemo debet inauditus damnan*[26], em melhor significado, ninguém será condenado sem antes ser ouvido, contrariando o brocardo jurídico *Inaudita Altera Pars*[27],

1.2.2. Citação no direito romano

24 ARAGÃO, E. G. M. **Comentários ao Código de Processo Civil**. 8 ed. Rio de Janeiro: Forense, vol II, arts. 154-269, 1995. p. 154.

25 LEITE, G. A história de citação. **Aduaneiras**, 2007. Disponível em <http://sisnet.aduaneiras.com.br/lex/doutrinas/arquivos/240507.pdf> Acesso em 07 jan. 2020.

26 MONTEIRO, J. Tomo I. 6ª ed. Rio de Janeiro: Editor Borsoi, 1956, p. 291.

27 Segundo Silvio Teixeira Moreira: "Sem que seja ouvida a parte contrária" Disponível em <https://www.migalhas.com.br/Latinorio/34,MI148096,1 01048-Inaudita+Altera+Pars> Acesso em 10 de jan. 2020.

De modo geral, o ato processual denominado citação, aqui objeto de estudo, possuía previsão em uma das primeiras codificações do direito, a lei das XII Tábuas, de modo que, tanto no direito natural, como no direito positivo, a citação demonstra sua grande imprescindibilidade.

Sobre a lei das XII Tábuas, segundo CARDOSO, MACHI e SILVA[28], "Trata-se da primeira codificação segundo a opinião da maioria dos autores", sendo elaborada pelos Decênviros, os dez juristas que deliberavam, com supedâneo nas fontes gregas, a elaboração das leis, tal documento mostrou-se de enorme importância ao mundo do direito, servindo de base para a distinção entre direito público e privado[29].

Esta importante codificação transparece a indispensabilidade da citação, fazendo previsão expressa, sob o título *"De ius vocando"* (Do chamamento a Juízo[30]).

> 1. Se alguém é chamado a Juízo, compareça.

28 CARDOSO, R. A. MACHI, A. C. SILVA, D. F. N. **A herança do direito romano no direito brasileiro.** Unievangelica, 2014. Disponível em < http://periodicos.unievangelica.edu.br/index.php/cientific a/article/view/860/806> Acesso em 07 jan. 2020.
29 CAPEZ, F. **Curso de Direito Penal** – Parte Geral. 5 ed. São Paulo: Saraiva, 2005. p. 55.
30 Com base na reconstituição de J. Godefroy.

2. Se não comparece, aquele que o citou tome testemunhas e o prenda.
Se procurar enganar ou fugir, o que o citou pode lançar mão sobre (segurar) o citado.
3. Se uma doença ou a velhice o impede de andar, o que o citou, lhe forneça um cavalo.
4. Se não aceitá-lo, que forneça um carro, sem a obrigação de dá-lo coberto.[31]

Segundo Gisele Leite[32], ao mencionar a concordância com Jayme de Altavilla, discorre que: "Nenhum código foi até hoje mais sucinto e mais autoritário e mais sincero do que o da *Lex Decemviralis.*"

Por tais afirmações, podemos observar que à época, a diligência citatória no direito romano possuía cunho estritamente privado, incumbindo ao interessado a sua promoção, trazendo assim, à presença do julgador, o réu, método este não aplicável a luz do ordenamento jurídico pátrio.

---

31   MEIRA, S. A. B. **A lei das XII Tabuas** – Fonte do Direito Público e Privado. 3. ed. Rio de Janeiro: Forense, 1972. p. 167.
32 LEITE, G. A história de citação. **Aduaneiras**, 2007. Disponível em <http://sisnet.aduaneiras.com.br/lex/doutrinas/arquivos/240507.pdf> Acesso em 07 jan. 2020.

16

Em sua renomada obra, Pontes de Miranda faz menção às citações no direito romano, aduzindo, para tanto, que o instituto "in ius vocatio" possuía cunho privado, sendo realizada pelo próprio interessado, sem quaisquer intervenções do julgador[33].

1.2.3. Citação no direito lusitano durante as Ordenações Filipinas

O reino de Portugal possui como origem histórica a Lusitânia, onde hoje encontra-se a Península Ibérica, diversos estudos apontam que ali viviam tribos independentes entre si, mas que comumente se uniam em casos de guerras contra inimigos externos, para tanto, elegendo chefes militares[34].

Do direito lusitano, originou-se um dos documentos legislativos de maior importância a nosso estudo, As Ordenações Filipinas.

---

33   MIRANDA, P. **Comentários ao Código de Processo Civil,** tomo III: arts. 154 a 281 3. ed. Rio de Janeiro: Forense, 1996. p. 199.
34 LEITE, G. A história de citação. **Aduaneiras**, 2007. Disponível   em <http://sisnet.aduaneiras.com.br/lex/doutrinas/arquivos/240507.pdf> Acesso em 07 jan. 2020.

1.2.3.1. Do modo de citação nas Ordenações Filipinas

Em seu livro III, o diploma normativo aduz a possibilidade de quatro formas de realização do ato citatório, sendo estas: citação por licença, por porteiro, por tabelião e por editos.

1.2.3.1.1. Das citações por licença

Trata-se de citação por licença, aquelas realizadas pela própria parte, na presença de ao menos uma testemunha, condicionado a uma anterior autorização do julgador, a licença.

Ocorre que, mencionada autorização, somente é dada ao Regedor da Casa da Suplicação, Governador da Casa do Porto e ao *Chanceller Mor*, desta forma, segundo Silva (2006), resta-se demonstrada a "influência dos privilégios da nobreza lusitana no processo civil".

Na mesma obra, o autor explica que esta modalidade de citação possuia fundamento em outras legislações lusitanas, que não serão objetos deste estudo:

> Essa modalidade de citação é uma peculiaridade das Ordenações Afonsinas, sendo substituída nas Ordenações Manuelinas pela citação

por licença, que exigia uma testemunha[35].

A fundamentação legal para a mencionada exclusividade, encontra supedâneo no mesmo diploma normativo, o qual assegura que a superioridade ante aos demais é característica de suas funções, e que por essa razão, estes poderão realizar os atos citatórios.

1.2.3.1.2. Das citações por porteiro

A mais comum forma de cumprimento da citação, era através do porteiro, o que hoje, assemelha-se ao nosso Oficial de Justiça[36], já que atuava por intermédio de um mandado.

Por regra, este método de citação não necessitava da autorização do Julgador, mas, na prática, acabava por depender de um despacho determinativo à citação.

Pela forma que era realizada a citação por porteiro, discorre Silva:

---

35 LEITE, G. A história de citação. **Aduaneiras**, 2007. Disponível em <http://sisnet.aduaneiras.com.br/lex/doutrinas/arquivos/240507.pdf> Acesso em 07 jan. 2020.

36 SALGUEIRO, A. A. A e col. **Ordenações Filipinas on-line.** Disponível em: <http://www1.ci.uc.pt/ihti/proj/filipinas/ordenacoes.htm>, Acesso em 24 de jan. 2020

Diferentemente das outras duas Ordenações, o mandado do juiz era, assim, indispensável para a citação por porteiro. Em se tratando de início da demanda, a citação deveria ser pessoal, e não pelo procurador do citando, já que a causa dizia respeito propriamente ao réu (Tít. II, pr.). Porém, se o juiz percebesse que o citando se escondia ou era ausente da sua terra de forma voluntária, possuindo domicílio certo, poderia ele determinar que a citação fosse feita à porta da sua casa, perante sua mulher, familiares ou vizinhos, que deveriam informá-lo daquela citação (Tít. I, n. 13) - é o que hoje se conhece como 'citação com hora certa'[37].

1.2.3.1.3. Das citações por tabelião

Traçando uma linha direta com o Código de Processo Civil brasileiro, as citações por tabelião se assemelham ao juízo deprecado nos casos das cartas precatórias.

---

37 LEITE, G. A história de citação. **Aduaneiras**, 2007. Disponível em <http://sisnet.aduaneiras.com.br/lex/doutrinas/arquivos/240507.pdf> Acesso em 07 jan. 2020.

Em outras palavras, tratando-se de atos citatórios dentro da jurisdição do juiz interessado, normalmente o mesmo ordenava a citação através de porteiro, entretanto, em se tratando de réu fora da jurisdição, o Julgador deprecava ao tabelião, para que este cumprisse a citação.

Tal ordem não era exclusividade do Julgador, uma vez que o Rei e o Corregedor também poderiam ordenar uma citação.

Se na localização não existisse tabelião, ou não sendo este encontrado, "a citação deveria ser providenciada pelo juiz local, pelo jurado ou pelo vintaneiro[38]"

1.2.3.1.4. Das citações por editos

O código ainda menciona uma quarta forma de citação, por editos. Em síntese, a citação por editos deu origem ao que hoje conhecemos por citação por edital, com singelas diferenças, sobretudo a sua forma de cumprimento, sendo certo que era realizado em locais públicos e movimentados, como praças centrais, onde o réu era apregoado com alto tom de voz.

---

38 SILVA, V. A. **A citação nas Ordenações do Reino Lusitano.** Revista Magister de Direito Civil e Processual Civil nº 14 – Set/Out de 2006.

Utilizava-se este método citatório em casos de incerteza de seu paradeiro, ou se a pessoa a ser citada morasse em local considerado perigoso.

1.2.3.2. Da dispensa da diligência citatória

As Ordenações Filipinas mencionavam que nos casos de perigo de mora, impossibilidade de espera do trâmite ordinário, em causas fiscais ou a critério do juiz, bem como nas atribuições de ofício do magistrado, as citações eram dispensáveis, muito embora sempre houvesse grande preocupação com a regular realização deste ato:

> Havia uma nítida preocupação com a validade das citações, que precisavam atender a uma série de requisitos. Assim, por exemplo, a citação exigia o requerimento da parte interessada e o seu deferimento pelo juiz; as cartas precatórias deveriam conter o nome da pessoa que seria citada e seu endereço (onde é morador), o local e dia em que ela deveria comparecer, além da razão pela qual ela seria citada; na citação por editos, o juiz deveria ser antes informado por inquirição se o réu poderia ser razoavelmente encontrado e citado por porteiro, caso em que a citação

não seria feita por editos. A citação deveria ser feita durante o dia (enquanto o sol dura); aquela feita em feriado à honra e louvor de Deus não era válida, exceto se o réu estivesse querendo se ausentar para outro lugar ou se o direito do autor pudesse sofrer perecimento (Tít. I, n. 17). Em caso de citação para se comparecer à audiência, entendia-se que a realização dessa última seria feita a partir do dia seguinte ao que a parte era citada e, caso se fizesse a audiência no mesmo dia, o citando não era obrigado a comparecer, a menos que na citação se indicasse que a audiência realizar-se-ia naquele mesmo dia. A ausência de citação ou sua irregularidade causava a nulidade do processo e da sentença[39].

---

39 LEITE, G. A história de citação. **Aduaneiras**, 2007. Disponível em <http://sisnet.aduaneiras.com.br/lex/doutrinas/arquivos/240507.pdf> Acesso em 07 jan. 2020.

1.3. Princípios constitucionais

Não há maneira de discorrer sobre da citação sem antes buscarmos compreender os princípios norteadores que transparecem sua especial importância no ordenamento jurídico brasileiro, sendo estes o devido processo legal, o contraditório e a ampla defesa.

Sobre princípios do direito processual, Alexandre[40] argumenta que dentre todos os direitos, alguns se destacam, sendo, inclusive, muitas vezes considerados implícitos, além de independerem de qualquer previsão legislativa expressa, possuindo ideia de essencialidade, surgindo daí a denominação "princípio".

Em consonância:

> É cediço que, independentemente de qualquer previsão expressa, o sistema processual encontra seu fundamento nos denominados princípios/direitos fundamentais, os quais são identificados como aqueles que possuem ideia de essencialidade, ou seja, aqueles que, entre os vários direitos, possuem

---

40   SANTANA, A. NETO, J. A. e col. **Novo CPC:** análise doutrinária sobre o novo direito processual brasileiro. 1. ed. Campo Grande: Contemplar, 2016. p. 47

uma maior carga valorativa, e, muitas vezes, são reconhecidamente implícitos (art. 5º, § 2º, CF), ou, ainda, encontrados explicitamente em diversos dispositivos da Constituição da República, como é o caso do princípio/direito à razoável duração do processo (art. 5º, LXX-VII, CF)[41].

Desta forma, temos que a Lei Federal 13.105 de 16 de março de 2015, o Código de Processo Civil, adota a concepção constitucionalista para o âmbito processual civil pátrio, resultando em um código dotado de inúmeras garantias.

1.3.1. Princípio do devido processo legal

Dentro das garantias processuais, o devido processo legal possui especial destaque, previsto no artigo 5º, LIV, sob a afirmação de que "ninguém será privado da liberdade ou de seus bens sem o devido processo legal".

Formalmente, a ampla defesa compreende a ampla defesa, o contraditório e demais garantias processuais asseguradas na Constituição, enquanto, materialmente, é a

---

41 SANTANA, A. NETO, J. A. e col. **Novo CPC**: análise doutrinária sobre o novo direito processual brasileiro. 1. ed. Campo Grande: Contemplar, 2016. p. 47

tradução da ideia constitucional, ante ao fato de que se faz necessário a observação do princípio da proporcionalidade, com resguardo da vida, da liberdade e da propriedade[42].

Certo que, por "devido processo legal", o legislador busca correspondência no ordenamento jurídico anglo-saxônico, fácil observar tal afirmativa na expressão *"due process of law"*, entrementes, *law*, possui o significado de Direito, e não lei[43], concluindo, o processo não deve estar de acordo só com a lei, e sim com o direito.

De todos os direitos constitucionais aplicados no âmbito processual civil, o que mais se destaca é o do devido processo legal, sendo, na realidade, a justificativa para os demais[44].

1.3.2. Princípio do contraditório

Tal princípio transparece a garantia de cunho jurídico-político conferido aos litigantes para que, no

---

42 CARVALHO, K. G. **Direito constitucional:** teoria do estado e da constituição direito constitucional positivo. 12. ed. Belo Horizonte: DelRey, 2006. p. 555.
43 DIDIER Jr. F. **Curso de direito processual civil:** introdução ao direito processual civil e processo de conhecimento. 13. ed. Salvador: Juspodivm, 2011. v. 1, p. 45.
44 CÂMARA, A. F. **Lições de Direito Processual Civil.** 20. ed. Rio de Janeiro: Lumen Juris, 2010. v. 1, p. 35.

exercício do direito democrático, tenha participação ativa durante todo o andamento processual.

O princípio do contraditório, dentre os corolários do devido processo legal, é apresentado como o de maior importância, visto que "não há processo justo que não se realize em contraditório[45]".

O Código de Processo Civil em vigor, assegura aos litigantes uma participação ativa, garantindo a estes o direito de pesar na decisão judicial, mesmo naquelas em que o magistrado possa e deva conhecer de ofício[46], surgindo daí o denominado contraditório prévio, conteúdo substancial do princípio do contraditório[47].

Em âmbito jurisprudencial, verifica-se que o contraditório é princípio que deve ser respeitado em todas as manifestações do Poder Público, devendo o Judiciário, principalmente, zelar por sua observância[48].

---

45   CÂMARA, A. F. **Lições de Direito Processual Civil**. 20. ed. Rio de Janeiro: Lumen Juris, 2010. v. 1, p. 35.

46 SANTANA, A. NETO, J. A. e col. **Novo CPC:** análise doutrinária sobre o novo direito processual brasileiro. 1. ed. Campo Grande: Contemplar, 2016. p. 30.

47   STF, Pleno, Re. Min. Gilmar Mendes, MS 24.268/MG, DJ 17-09-2004, p. 53.

48   (TJSP; AC 0007766-74.2008.8.26.0568; Ac. 13194490; São João da Boa Vista; Vigésima Câmara

1.3.3. Princípio da ampla defesa

Apesar de se assemelhar com o princípio do contraditório, veremos que a relação entre ambos apenas possuem pontos simbióticos[49], pelo qual se coexistem harmonicamente, se completando e garantindo-se como princípios constitucionais, de forma a inexistirem isoladamente.

Desta forma ilustra Desomar Mendonça:

> São figuras conexas, sendo que a ampla defesa qualifica o contraditório. Não há contraditório sem defesa. Igualmente é lícito dizer que não há defesa sem contraditório. (...) O contraditório é o instrumento de atuação do direito de defesa, ou seja, esta se realiza através do contraditório[50].

---

de Direito Privado; Rel. Des. Rebello Pinho; Julg. 16/12/2019; DJESP 22/01/2020; Pág. 7997)

49   FRANCO, G. C. O contraditório e a ampla defesa no direito processual civil. Jusbrasil, 2016. Disponível em <https://giovannifranco.jusbrasil.com.br/artigos/2536075 64/o-contraditorio-e-ampla-defesa-no-direito-processual-civil> Acesso em 27. jan. 2020.

50   MENDONÇA JR. D. **Princípios da ampla defesa e da efetividade no processo civil brasileiro**. São Paulo: Malheiros Editora, 2001, p. 55.

Sem delongas, a ampla defesa traduz a garantia facultada ao participante do litígio em se defender, de todas as formas previstas em direito, sob pena de reconhecimento do cerceamento do direito de defesa, instituto protetor que gera incontáveis anulações de sentenças no Brasil, corroborando:

> A inversão ope judicis não pode ocorrer quando do julgamento do feito, a fim de respeitar os princípios do contraditório e da ampla defesa. Cerceamento de defesa caracterizado. Inteligência da sumula nº 91 deste tribunal de justiça. Feito não saneado. Mais do que isso, sequer foram fixados os pontos controvertidos da demanda. Julgamento antecipado da lide que configura error in procedendo. Imperiosa anulação da sentença, de forma a ser dado regular prosseguimento ao processo. Anulação da sentença. Recurso prejudicado." (TJRJ; APL 0040006-42.2017.8.19.0004; São Gonçalo; Vigésima Quarta Câmara Cível; Rel. Des. Alcides da Fonseca Neto; DORJ 24/01/2020; Pág. 438)

> A defesa, assim, garante o contraditório, mas também por este se manifesta e é garantida. Eis a

íntima relação e interação da defesa e do contraditório. No caso, de fato, há cerceamento de defesa a ensejar a anulação da sentença." (TJRJ; APL 0190379-02.2014.8.19.0001; Rio de Janeiro; Terceira Câmara Cível; Relª Desª Renata Machado Cotta; DORJ 26/12/2019; Pág. 213)

2. A CITAÇÃO NO CÓDIGO DE PROCESSO CIVIL DE 2015

Este capítulo buscará transparecer as particularidades de nosso ordenamento processual civil, fazendo-se através do código em vigência, demonstrando, para tanto, os requisitos formais à sua validade, bem como as consequências de sua não observância.

2.1. Meios de citação

Ciente de que o réu[51], executado ou interessado poderá ser citado onde se encontrar, termos do Art. 243 do CPC, há diversas modalidades distintas adotadas pelo Código de Processo Civil de 2015 para viabilizar o integral cumprimento deste tão importante ato processual.

Sobre o tema, afeta argumentar que o CPC sempre adotou o sistema de mediação das citações, em outras palavras, o ato processual é realizado através de ordem direta do órgão jurisdicional, mediante a uma atuação marcada pela sua intervenção[52].

---

51 Não estando presentes as circunstâncias previstas no Art. 215, § 1º, do CPC, a citação da ré – pessoa jurídica – deve operar-se através de seu representante legal (STJ-JTAERGS 78/375).
52 WAMBIER, T. A. A. e Outros. **Breves Comentários ao Novo Código de Processo Civil.** São Paulo: Revistas

Muito embora haja formas expressas no Código Processual Civil pátrio, o mesmo diploma normativo aduz que, quando o ato processual for realizado por forma não prevista em lei e assim alcançar sua finalidade, deverá ser considerado válido, inteligência dos artigos 188 e 277 do CPC, *in verbis:*

> Art. 188. Os atos e os termos processuais independem de forma determinada, salvo quando a lei expressamente a exigir, considerando-se válidos os que, realizados de outro modo, lhe preencham a finalidade essencial.
>
> Art. 277. Quando a lei prescrever determinada forma, o juiz considerará válido o ato se, realizado de outro modo, lhe alcançar a finalidade[53].

Tais dispositivos acima assinalados, traduzem o princípio da instrumentalidade das formas, adotado inclusive no Código de Processo Civil de 1973, através dos artigos 154, 244 e 249, §2º, conforme nos orienta o Desembargador Otávio Portes ao proferir a decisão: "(...)

---

dos Tribunais. 2016. p. 769.

53 BRASIL. **Código de Processo Civil**. Planalto, 2015. Disponivel em: <http://www.planalto.gov.br/ccivil_03/_ato2015-2018/2015/lei/l13105.htm>. Acesso em: 10 jan. 2020.

não há nulidade sem que haja prejuízo, vetusta diretriz de direito processual condensada do princípio da instrumentalidade das formas ('*pas de nullité sans grief*[54]')[55].

2.1.1. Citação direta e indireta

Mesmo que em regra nosso ordenamento jurídico adote a citação direta, aquela realizada na própria pessoa do Requerido ou de um representante legal apto, a citação indireta também aplicável, sendo esta modalidade aquela realizada na pessoa de um terceiro ou procurador[56], por força do artigo 242, § 1º do CPC/15.

2.1.2. Citação ficta

Prevendo que nem sempre é possível a realização da citação real ou pessoal, sobretudo em casos previstos em lei, o legislador, registra este importante gênero de citação –dos quais são espécies a citação por edital e a citação por hora certa– para o indispensável andamento do processo[57].

---

54 Princípio segundo o qual não se declara a nulidade de um ato sem que seja provado o prejuízo causado por ele.

55 TJMG – Apelação Cível 1.0024.12.123359-7/001, Relator(a): Des.(a) Otávio Portes, 16ª CÂMARA CÍVEL, julgamento em 02/10/2019, publicação da súmula em 11/10/2019.

56 Constituído por lei ou contrato.

2.1.2.1. Citação por edital

A citação por edital, a teor do artigo 256 do Código de Processo Civil, é medida excepcional, que só tem cabimento quando esgotados os meios disponíveis para a localização do réu, assim, frustrada a citação pessoal e tendo sido certificada a impossibilidade de encontrar o interessado, deve ser autorizada a citação por edital.

Entretanto, conforme orientação majoritária, embora a citação por edital seja considerada válida apenas quando frustradas as demais modalidades de cumprimento desta prática processual, se o ato citatório não resulta em prejuízo a parte, não há que se falar em nulidade[58].

O ordenamento processual civil pátrio classifica a citação editalícia em duas vertentes, a citação por edital acidental e a citação por edital necessária ou essencial, o primeiro caso, dar-se-á quando desconhecido ou incerto o réu, bem como quando ignorado, incerto ou inacessível o

---

57 CAPUTO, P. R. S. **Novo Código de Processo Civil Articulado:** remissões, referências, comentários e notas, quadro comparativo. 2. ed. Leme: JHMIZUNO. 2016. p. 275.

58 TJMG – Agravo de Instrumento-Cv, 1.0707.11.016121-3/001, Relator(a): Des.(a) Edilson Olímpio Fernandes, 6ª CÂMARA CÍVEL, julgamento em 10/12/2019, publicação da súmula em 16/12/2019.

local onde ele se encontrar, como acontece "quando o réu é conhecido, mas está em viagem sem saber o destino, ou quando se ache em locais alcançados por guerra"[59]; tratando-se de citação por edital necessária, somente será feita nos casos em que o Código ou a legislação extravagante previrem a citação editalícia.

Destarte, importa mencionar a inaplicabilidade da citação por edital no âmbito dos Juizados Especiais, inclusive os de Fazenda Pública, uma vez que tal medida é vedada pelo Art. 18, § 2º da Lei 9.099/95, porquanto incompatível com o rito do microssistema dos Juizados Especiais, assim sendo, caso necessária a citação por edital, devem os autos serem remetidos à Justiça Comum, ante a expressa previsão legislativa[60].

Em que pese a divergência doutrinária quanto a aplicabilidade da citação editalícia na fase de cumprimento de sentença ou Execução de Título Extrajudicial nos Juizados Especiais, a visão mais acertada é a lançada por Adriano R. Vancim em sua obra, aduzindo que não existe

59 STRECK, L. L. NUNES, D. CUNHA, L. C. FREIRA, A. **Comentários ao Código de Processo Civil.** São Paulo: Saraiva, 2016.
60 Jurisprudência: Conflito de Competência 1.0000.19.035179-1/000, 19/11/2019, TJMG.

maneira de adequar o Art. 830 do CPC aos procedimentos realizados à luz da Lei 9.099/95[61].

Em quaisquer casos possíveis, a citação por edital deve ser oriunda de ordem expressa do juiz da ação, de tal sorte que, sendo a citação realizada com a carência de tal requisito, mostra-se possível sua nulidade, desde que cause prejuízo a parte, em consonância, o TJMG já entendeu que:

> O Código de Processo Civil, explicita em seu artigo 152, VI e 203, §4º que independem de despacho somente os atos meramente ordinatórios, não possuindo o escrivão poder para determinar a citação por edital. Em igual sentido, os arts. 63 e 64 do Provimento Nº 355/2018 da Corregedoria-Geral de Justiça deste Tribunal estabelece os atos ordinatórios que o escrivão poderá praticar de ofício, não estando a citação por edital elencada no rol legal. Desta forma, tendo a citação por edital sido realizada sem determinação judicial, resta patente sua nulidade. (...) (TJMG - Apelação Cível 1.0024.03.952979-

---

61 VANCIM, A. R. GONÇALVES, J. E. J. **Lei dos Juizados Especiais Anotada e Interpretada**. – Cível, Criminal e Fazenda Pública. Leme: Mundo Jurídico, 2016.

7/001, Relator(a): Des.(a) Fábio Torres de Sousa (JD Convocado) , 8ª CÂMARA CÍVEL, julgamento em 18/07/2019, publicação da súmula em 26/07/2019)

2.1.2.2. Citação por hora certa

A citação por hora certa deve ser realizada em específicos casos, justamente por tratar-se de uma citação indireta e ficta.

Assim, encontrando supedâneo no Art. 252 e parágrafo único deste, se por duas vezes o oficial de justiça comparecer no local a ser citado o Réu, Interessado ou Executado, e este estiver ausente, deverá o oficial cientificar alguém de sua família que lá se encontre, ou não havendo, algum vizinho, que ali voltará no dia útil sequente, e em hora determinada, independentemente de despacho judicial.

Entretanto, somente será possível a citação por hora certa se o oficial de justiça, justificadamente, encontrar indícios de ocultação.

A jurisprudência é certeira em afirmar que o serventuário, ao lançar a certidão com o intuito de justificar a citação por hora certa, deve esclarecer todas as razões fáticas que o levaram a presumir a suspeita de ocultação, sob pena de nulidade do ato processual, em caso de eventual prejuízo as partes, assim:

> A certidão do oficial de justiça deve sim explicitar os dias e horários em que se realizaram as diligências, bem como consignar os motivos que o levaram à suspeita de que o réu estava se ocultando, não se podendo presumir, em prejuízo do citando, que as regras foram cumpridas. A suspeita de ocultação também constitui elemento fundamental para a designação da hora certa da citação, devendo o oficial de justiça ter o cuidado de indicar expressamente os fatos concretos que evidenciam a ocultação maliciosa do réu (TJCE; APL 0163105-55.2016.8.06.0001; Quarta Câmara de Direito Privado; Rel. Des. Francisco Bezerra Cavalcante; Julg. 12/11/2019; DJCE 18/11/2019; Pág. 198)

Ainda que ausente o citando no dia e hora marcado, o oficial de justiça deverá informar-se das razões de sua ausência, considerando-o citado, ainda que oculto em outra comarca, seção ou subseção judiciária, nos termos do Art. 253, § 1º do CPC.

No mesmo artigo, em seu segundo parágrafo, o Código prevê que a citação será realizada mesmo que o informante(pessoa designada a informar o citando acerca da diligência) esteja ausente, ou se recusar a receber o mandado.

Ademais, prevê o Art. 254 do CPC que, realizada a citação por este método, o escrivão ou chefe de secretaria deverá promover, no prazo de 10(dez) dias a serem contados da data de juntada do mandado aos autos, o envio de carta, telegrama ou correspondência eletrônica, lhe dando ciência de tudo.

Por fim, tal meio citatório não se mostra possível nos Juizados Especiais, sobretudo a se considerar que "não se admite citação por hora certa, porquanto incompatível com os critérios da simplicidade, da celeridade e da informalidade"[62].

2.1.3. Citação real

A citação real ou pessoal, é aquela realizada na própria pessoa do réu, executado ou interessado.

Como regra, segundo os ditames do Art. 242 do CPC, a citação pessoal é a que deverá ser realizada, e, em

---

[62] (TJDF; RInom 0706926-07.2016.8.07.0007; Primeira Turma Recursal dos Juizados Especiais; Relª Juíza Soniria Rocha Campos D'Assunção; Julg. 08/06/2017; DJDFTE 16/06/2017; Pág. 896).

caso de desconhecimento de informações suficientes para que o réu possa ser encontrado, poderá ser requerido ao juízo diligências através de sistemas conveniados para obtenção de endereço atualizado do requerido ou interessado[63].

Ressalta-se que tal medida, em regra, somente é possível na justiça comum, tendo em vista que no Juizado Especial Cível, os requisitos da inicial são distintos, consoante expressa previsão do § 1º, Art. 14 da Lei nº 9.099/95, sobretudo ante a impossibilidade de uma futura citação por edital, vedada pela lei mencionada através do § 2º do Art. 18.

Ainda, ao se tratar dos Juizados Especiais Cíveis, a correspondência ou contrafé recebida no endereço da parte é eficaz para efeito de citação, desde que identificado o seu recebedor, recomendação exposta no Enunciado 05 do Fonaje[64].

---

63 MITIDIERO, D. **Colaboração no Processo Civil. Pressupostos Sociais, Lógicos e Éticos**. 2ª. ed. São Paulo: RT, 2011)
64 FONAJE: ENUNCIADO 5 – A correspondência ou contra-fé recebida no endereço da parte é eficaz para efeito de citação, desde que identificado o seu recebedor

Desta forma, há de ser lido sistematicamente com o Art. 319, II, § 2º, visto que, mesmo na falta de um endereço de domicílio e residência do réu, deve esse ser citado em qualquer lugar em que puder ser encontrado, não sendo aplicável, portanto, o indeferimento da inicial ante o não preenchimento de tal requisito.

Fredie Didier Júnior aponta ainda que a citação deverá ser realizada na pessoa do citando ante a pessoalidade da citação, mencionando os casos específicos previstos em lei para as excepcionalidades desta regra, como no caso da citação através de representante legal, sendo o réu incapaz, ou até mesmo de um procurador com poderes específicos para isso[65].

2.1.3.1. Citação por correio

Através de seu Art. 247, o Código de Processo Civil regulamenta a modalidade mais utilizada de citação, método este que deve ser aderido nas citações dentro do Estado brasileiro, de modo que resta-se dispensada, a princípio, a citação através de carta precatória.

---

65 DIDIER Jr, F. **Curso de direito processual civil:** introdução ao direito processual civil, parte geral e processo de conhecimento. 19. ed. Salvador: Jus Podivm, 2017.

A citação por correios será realizada nas ações de estado, por exemplo, "ações relativas a casamento, tutela, curatela, interdição, declaração de ausência, etc."[66], entretanto, há situações em que este método de citação não se aplica, conforme nos ensina Lenio Streck:

> Há situações, contudo, em que a citação por correio é afastada: a) na ação de interdição ou em que o for o réu incapaz, hipóteses mas quais a citação deve ser feita por oficial de justiça, em atenção à tutela dos interesses do interditando; b) quando o réu for pessoa jurídica de direito público; c) quando o réu residir em local não adequadamente tendido pelo serviço postal; e) quando o autor preferir, justificadamente, a citação por oficial de justiça[67].

Sobre o tema, a doutrina e a jurisprudência dominante, sempre aludiram a possibilidade de que a citação da pessoa jurídica fosse realizada na pessoa em que

---

66 NEGRÃO, T. GOUVÊA, J. R. F. BONDIOLI, L. G. A. FONSECA, J. F. N. **Novo Código de Processo Civil e legislação processual em vigor**. 48ª. ed. São Paulo: Saraivajur, 2017)
67 STRECK, L. L. NUNES, D. CUNHA, L. C. FREIRA, A. **Comentários ao Código de Processo Civil**. São Paulo: Saraiva, 2016.

se apresentasse como seu funcionário, em aplicação à teoria da aparência, assim:

> É válida a citação recebida no endereço onde se situa a pessoa jurídica, mesmo que recebida por pessoa que não tenha poderes expressos para tal, prevalecendo a teoria da aparência. (AgInt no AREsp 1241724/SP, Rel. Ministro SÉRGIO KUKINA)

2.1.3.2. Citação por oficial de justiça

Em que pese ter sido este o método mais utilizado de citação, por força do que predizia o artigo 244 do Código de Processo Civil de 1973, a citação por oficial de justiça acabou sofrendo diminuição por força das citações realizadas através de correio após a edição da Lei 8.710 de 1993, mantido pelo CPC/15, mormente pela viabilidade econômica.

Ainda assim, há casos em que a citação por correio não é admissível, prevalecendo, assim, a citação por mandado.

Segundo Humberto Theodoro Júnior, será realizada a citação por mandado nas seguintes hipóteses do artigo 247, *ipsis verbis*:

(a) ações de estado, observando-se que a citação deve ser feita na pessoa do réu(inciso I);

(b) citando incapaz (inciso II);

(c) citando pessoa de direito público (inciso III);

(d) citando residente em local não atendido pela entrega domiciliar de correspondência (inciso IV);

(e) quando o autor, justificadamente, requerer outra forma de citação (inciso V).

2.1.3.3. Citação por escrivão ou chefe de secretaria

A Lei 13.105/2015, o Código de Processo Civil, através do seu Art. 246, III, concedeu poder ao Escrivão ou Chefe de Secretaria para cumprir a diligência citatória, desde que o réu, interessado ou executado compareça espontaneamente em cartório.

Pode ser considerado como método de citação direta ou indireta, a depender do caso fático(v.g. réu comparece ao cartório para tirar dúvidas e é citado pessoalmente, trata-se de citação direta, enquanto um advogado comparece em cartório para buscar informações de algum cliente, desde que haja previamente uma determinação citatória a este)[68].

---

68 NITÃO, F. E. A citação nos moldes do novo código de processo civil e seus efeitos práticos. **Jusbrasil**, 2017.

Por se tratar de método novo, não possui grande utilização nas comarcas brasileiras.

2.1.3.4. Citação por meio eletrônico

Em atenção aos requisitos formais deste instituto processual, o Art. 246, V, do Código de Processo Civil inovou, autorizando expressamente a citação através de meio eletrônico, desde que seja previamente regulamentado por lei.

Acerca da prática de atos processuais por meios eletrônicos, o ilustre professor Arthur Salles menciona:

> O processo eletrônico, ou a prática de atos processuais por meio eletrônico, surge a partir de uma tendência pós-moderna à desmaterialização que encontra origem nos avanços tecnológicos e nas transformações sociais experimentadas de forma mais intensa a partir das últimas décadas do século passado[69].

Disponível em: <https://edgarlnitao.jusbrasil.com.br/artigos/474762067/a-citacao-nos-moldes-do-novo-codigo-de-processo-civil-e-seus-efeitos-praticos> Acesso em 10 de jan. 2020.

69 FIGUEIREDO, H. L. **Cadernos da Ejef**: Curso Jurídico do novo CPC. Belo Horizonte: Tribunal de Justiça do Estado de Minas Gerais, 2016. p. 59.

Desta forma, a nova lei processual menciona que, em se tratando de empresas públicas ou privadas, ficam as mesmas obrigadas a manterem cadastros eletrônicos junto aos sistemas processuais, para efeitos de comunicação dos atos processuais, englobando, para tanto, as citações e intimações, salvo nos casos de empresas de pequeno porte e microempresas[70].

É nesta forma que o Art. 193 do CPC, adotando o conceito da prática eletrônica de atos processuais, dispõe:

> Art. 193. Os atos processuais podem ser total ou parcialmente digitais, de forma a permitir que sejam produzidos, comunicados, armazenados e validados por meio eletrônico, na forma da lei[71].

Acerca do tema, os julgados já corroboram com o texto normativo, reputando válida as citações realizadas através de sistema eletrônico para as empresas obrigadas a manterem cadastro ativo, assim:

---

70 WAMBIER, T. A. A. e Outros. **Breves Comentários ao Novo Código de Processo Civil**. São Paulo: Revistas dos Tribunais. 2016. p. 768

71 BRASIL. Código de Processo Civil. **Planalto**, 2015. Disponível em: <http://www.planalto.gov.br/ccivil_03/_ato2015-2018/2015/lei/l13105.htm>. Acesso em: 10 jan. 2020.

"APELAÇÃO CÍVEL. AÇÃO DE OBRIGAÇÃO DE FAZER C/C. INDENIZAÇÃO POR DANOS MORAIS. Certidão de citação do ente estatal realizada através do portal. Sua validade. Sentença que se mantém. 1.a citação será feita: V. Por meio eletrônico, conforme regulado em Lei. § 1º com exceção das microempresas e das empresas de pequeno porte, as empresas públicas e privadas são obrigadas a manter cadastro nos sistemas de processo em autos eletrônicos, para efeito de recebimento de citações e intimações, as quais serão efetuadas preferencialmente por esse meio. § 2º o disposto no § 1º aplica-se à união, aos estados, ao Distrito Federal, aos municípios e às entidades da administração indireta" (art. 246, CPC); 2."no processo eletrônico, todas as citações, intimações e notificações, inclusive da Fazenda Pública, serão feitas por meio eletrônico, na forma desta Lei" (artigo 9º, Lei nº 11.419/2006);3. Na hipótese dos autos, a citação do ente público foi realizada pelo portal, e devidamente certificada nos autos, a atender os requisitos legais. Alegação de justa causa à repetição do ato que não vinga diante da interposição do presente recurso, a evidenciar o atendimento à intimação realizada do mesmo modo;4. Recurso a que se nega provimento." (TJRJ; APL 0019681-88.2016.8.19.0066; Volta Redonda; Vigésima Quinta Câmara Cível; Rel. Des. Luiz Fernando de Andrade Pinto; DORJ 26/04/2018; Pág. 560)

2.2. Do tempo e do lugar da citação

2.2.1. Do tempo

Trata-se a citação de um ato processual, razão pela qual se sujeita aos requisitos elencados no capítulo II do Código de Processo Civil de 2015, desta feita, a citação será realizada em dias úteis[72], das seis às vinte horas, por força do Art. 212 da lei em comento.

Entretanto, diferentemente de demais atos processuais, as citações e as intimações podem ser realizadas no período de férias forenses e nos feriados ou dias úteis fora dos horários estabelecidos no Artigo supramencionado, desde que respeitado o Art. 5º, inciso XI,

---

72 "Entende-se como dias úteis aqueles em que há expediente forense." (THEODORO Júnior, Humberto, Op., cit., p. 1)

48

da Constituição da República Federativa do Brasil, *in verbis*:

Código de Processo Civil:

> Art. 212. Os atos processuais serão realizados em dias úteis, das 6 (seis) às 20 (vinte) horas.
> (...)
> § 2º Independentemente de autorização judicial, as citações, intimações e penhoras poderão realizar-se no período de férias forenses, onde as houver, e nos feriados ou dias úteis fora do horário estabelecido neste artigo, observado o disposto no art. 5º, inciso XI, da Constituição Federal[73].

Constituição da República Federativa do Brasil:

> Art. 5º Todos são iguais perante a lei, sem distinção de qualquer natureza, garantindo-se aos brasileiros e aos estrangeiros residentes no País a inviolabilidade do direito à vida, à liberdade, à

---

73 BRASIL. Código de Processo Civil. **Planalto**, 2015. Disponível em: <http://www.planalto.gov.br/ccivil_03/_ato2015-2018/2015/lei/l13105.htm>. Acesso em: 10 jan. 2020.

igualdade, à segurança e à propriedade, nos termos seguintes:

(...)

XI – a casa é asilo inviolável do indivíduo, ninguém nela podendo penetrar sem consentimento do morador, salvo em caso de flagrante delito ou desastre, ou para prestar socorro, ou, durante o dia, por determinação judicial[74];

Nestes casos, cabe argumentar que, sendo os atos praticados durante as férias forenses e recessos, o prazo fluirá tão somente no dia primeiro útil subsequente.

Sobre o dispositivo em comento, Deslomar Mendonça Junior argumenta que é um freio apto a garantir o respeito à dignidade das pessoas, corroborando:

> Assim como no CPC/73, os atos processuais devem ser realizados normalmente em dias úteis, ou seja, em que haja funcionamento dos órgãos do Poder Judiciário. O dispositivo também mantém o horário para a prática dos atos processuais entre as 6 (seis) e 20 (vinte horas), visando preservar a dignidade das pessoas quanto ao

---

74 BRASIL. **Constituição da República Federativa do Brasil de 1988.** Planalto, 1988. Disponível em: <http://www.planalto.gov.br/ccivil_03/constituicao/constituicao.htm>. Acesso em: 27 jan. 2020.

tempo normal de descanso e intimidade, evitando que a intimação possa ser feita, por exemplo, durante a madrugada.[75]

Entretanto, desde que o ato processual tenha início antes das 20 horas, poderá ser concluído após este período se houver necessidade e conveniência, desde que justificado, de modo a evitar prejuízos as partes e prestação jurisdicional.

2.2.2. Do lugar

Com correspondência legislativa no Código de Processo Civil de 1973, os atos deverão, como regra, serem realizados na sede do juízo. Entretanto, desde que feito justificadamente, será válido quando, cumprido em outro local, atingir sua finalidade.

Tal afirmativa encontra fundamento no artigo 217 do diploma normativo em comento, o qual menciona expressamente que:

> os atos processuais realizar-se-ão ordinariamente na sede do juízo, ou, excepcionalmente, em outro lugar em razão de deferência, de interesse da justiça, da natureza do ato ou de

75 ALVIM, A. A. e col. **Comentários ao Código de Processo Civil**. 2. ed. São Paulo: Saraiva, 2017

obstáculo arguido pelo interessado e acolhido pelo juiz[76].

A expressão "deferência" mencionada pelo artigo, diz respeito a casos especiais previstos em lei, ou advindos de decisões judiciais, como por exemplo, a realização de oitiva de depoimento das pessoas indicadas no rol do art. 454 do CPC[77].

As citações, como exceção à regra, na maioria dos casos são realizadas fora da sede do juízo, já que doutrinariamente, "sede do juízo" compreende tão apenas o estabelecimento físico do fórum ou tribunal, bem como de suas dependências.

---

76 BRASIL. Código de Processo Civil. **Planalto**, 2015. Disponível em: <http://www.planalto.gov.br/ccivil_03/_ato2015-2018/2015/lei/l13105.htm>. Acesso em: 10 jan. 2020.

77 WAMBIER, T. A. e Outros. **Breves Comentários ao Novo Código de Processo Civil**. São Paulo: Revistas dos Tribunais. 2016. p. 720.

2.3. Efeitos da citação

Como diligência processual, a citação realizada de forma válida ou não sempre produzirá resultados nos autos, conforme veremos nos próximos tópicos.

2.3.1. A formação da relação processual

Fatalmente, o objetivo principal da citação é o de trazer o Réu, Executado ou Interessado à lide, para que componha a relação processual, posto que, segundo a doutrina majoritária e a aplicada neste estudo, a relação processual é triangular[78], e neste sentido, não se formará sem a correta citação daqueles que devam compor o polo passivo da lide.

Pelo exposto, temos que o protocolo do pedido exordial, seja em autos físicos ou eletrônicos, apenas origina uma relação processual bilateral entre o autor e o juiz[79], carecendo, então, de um elemento objetivo para a formação triangular da relação processual, qual seja, o

---

78 ALVIM, E. A. **Curso de direito processual civil.** São Paulo: Editora Revista dos Tribunais, 1998, v. 1.
79 MONTENEGRO Filho, M. **Curso de direito processual civil**. São Paulo: Editora Atlas, 2009, v. 1. p. 184.

despacho determinativo à citação do Réu, Executado ou Interessado.

Em demonstração a uma posição substancialmente contrária, aduz Humberto Theodoro Júnior que a relação jurídica processual não é triangulada, em alusão a teoria de Hellwig, ante ao argumento de que o magistrado, como representante do Estado, ocupa posição de maior destaque, assim:

> Se é certo que o processo vincula três pessoas – autor, réu e juiz-, não menos exato é que o órgão jurisdicional se coloca no plano superior do Poder do Estado e as partes se submetem à sua soberania, À autoridade deste é que compete exclusivamente a solução do litígio. Toda atividade das partes é voltada para estimular o poder de decidir e alcançar a prestação jurisdicional devida pelo Estado[80].

Entretanto, na mesma obra, o doutrinador demonstra e opta pela posição dominante, *in verbis:*

> a relação jurídico-processual estabelece-se inicialmente, entre o autor e o juiz. É apenas bilateral nessa fase. Com a citação do réu,

---

80 THEODORO Júnior, H. **Curso de direito processual civil.** 35. ed. Rio de Janeiro: Forense, 2000. p. 261.

este passa também a integrá-la, tornando-a completa e trilateral. Então, estará o Estado habilitado a levar o processo à sua missão pacificadora dos litígios e terá instrumento hábil para dar solução definitiva (de mérito) à causa[81].

Concluindo, a citação possui ponto de fundamental importância na relação processual, sendo claro sua atuação como requisito objetivo necessário à transformação de uma relação bilateral – autor e juiz – em uma relação trilateral, entre os polos ativos e passivos, bem como do juízo(Estado), o qual perde seu caráter de polo superior com a entrada em vigor da nova lei processual.

2.3.2. Efeitos processuais da citação

A citação, como ato processual, tem o escopo de tornar o juízo da distribuição prevento à possíveis ações conexas ou continentes àquela, além de induzir a litispendência e tornar litigiosa a coisa, ainda que ordenada por juízo incompetente, inteligência do Art. 240 do Código de Processo Civil.

2.3.3. Efeitos materiais da citação

---

81 THEODORO Júnior, H. **Curso de direito processual civil**. 59. ed. Rio de Janeiro: Forense, 2018.

Sem prejuízo aos efeitos processuais, a citação produz efeitos materiais quando efetivada, constituindo em mora o devedor e interrompendo o prazo prescricional, para este último, mostra-se necessário tão somente o despacho determinativo à citação.

A interrupção da prescrição é talvez um dos efeitos materiais de maior importância da citação, tendo em vista que, violado o direito, nasce para o titular a pretensão, a qual se extingue, pela prescrição[82], neste sentido, o marco para tal interrupção, encontra supedâneo no § 1º do Art. 240 do Código Processual Civil, o qual prevê, *in verbis:*

> Art. 240. A citação válida, ainda quando ordenada por juízo incompetente, induz litispendência, torna litigiosa a coisa e constitui em mora o devedor, ressalvado o disposto nos arts. 397 e 398 da Lei nº 10.406, de 10 de janeiro de 2002 (Código Civil)[83].

Aqui cabe mencionar a orientação jurisprudencial:

> EMENTA: SENTENÇA COLETIVA. EXECUÇÃO.

---

82 Art. 189 do Código Civil.
83 BRASIL. **Código de Processo Civil**. Planalto, 2015. Disponivel em: <http://www.planalto.gov.br/ccivil_03/_ato2015-2018/2015/lei/l13105.htm>. Acesso em: 10 jan. 2020.

PRESCRIÇÃO QUINQUENAL. INTERRUPÇÃO. DETERMINAÇÃO DE DESMEMBRAMENTO DE PROCEDIMENTO INSTAURADO POR LITISCONSORTES. AUSÊNCIA DE DETERMINAÇÃO DE CITAÇÃO. "- Para que a interrupção do prazo de prescrição retroaja à data de ajuizamento da ação, a parte interessada deve providenciar o despacho ordenador da citação. - A ordem de desmembramento de ação anteriormente ajuizada não dispensa a parte de providenciar a ordem de citação, antes do esgotamento do prazo prescricional." (TJMG – Agravo de Instrumento-Cv 1.0342.15.001632-3/001, Relator(a): Des.(a) Luiz Carlos Gomes da Mata, 13ª CÂMARA CÍVEL, julgamento em 17/03/2016, publicação da súmula em 01/04/2016)

A prescrição se interrompe com o despacho do Juiz, ainda que incompetente, ordenando a citação (...) (TJMG - Apelação Cível 1.0024.13.334204-8/001, Relator(a): Des.(a) Judimar Biber , 3ª CÂMARA CÍVEL, julgamento em 01/02/2018, publicação da súmula em 27/02/2018)

Ademais, caso a lide trate de um direito indivisível, a interrupção da prescrição mencionada pelo artigo em estudo se aproveita a todos os credores[84].

Sobre a mora, a citação inicial somente se presta a constituir mora nos casos em que a ação não se funda na mora do réu, hipótese em que esta deve preceder ao ajuizamento[85].

---

84 NEGRÃO, T. ao mencionar a RSTJ 43/298.
85 TJMG – Apelação Cível 1.0324.14.000036-9/001, Relator(a): Des.(a) Leite Praça , 17ª CÂMARA CÍVEL, julgamento em 05/02/2015, publicação da súmula em 19/02/2015.

2.4. Nulidades da citação

Por força do Art. 239 do Código de Processo Civil, à validade processual, imprescindível mostra-se a regular citação do réu ou do executado, trazendo exceções à regra, quando houver indeferimento da petição inicial ou improcedência liminar do pedido.

Desta forma, as citações serão nulas quando realizadas sem a observância das prescrições legais, inteligência do Art. 280 do CPC, de modo que, sendo realizada de forma ilegal, poderá corromper todos os atos adjacentes[86].

2.4.1. Citação inválida como vício transrecisório

Os denominados vícios transrecisórios, são conceituados como erros processuais grotescos, equívocos que afetam pontos de tamanha importância dentro do procedimento, que são capazes de serem reconhecidos até mesmo após o prazo decadencial da ação rescisória, através de ação própria ou não[87].

---

86 TJMG – Apelação Cível 1.0352.07.034324-4/001, Relator(a): Des.(a) Mariangela Meyer, 10ª CÂMARA CÍVEL, julgamento em 20/09/2016, publicação da súmula em 30/09/2016.
87 MATTEI, R. Vícios transrecisórios. Jusbrasil, 2018.

A citação válida é um pressuposto processual de constituição essencial à formação da relação jurídica, sem a qual o processo jamais chega a existir, e a sua inobservância gera a nulidade absoluta, insanável, imprescritível, reconhecível a qualquer tempo no processo, até mesmo após o trânsito em julgado da sentença, sendo por isso considerado um vício transrescisório[88].

Justamente por tratar-se de um vício transrescisório, apesar de viável, é desnecessária a propositura de ação rescisória com supedâneo na nulidade de citação, tendo em vista que inexiste coisa julgada sem a devida formação da relação processual válida[89], sobretudo porquê nunca houve, juridicamente, um processo, ou seja, não poderá ser exigido do réu, os efeitos de uma sentença prolatada à luz da ilegalidade, mesmo após o trânsito em julgado.

Disponível em: <https://rafaelmattei.jusbrasil.com.br/artigos/591543034/vicios-transrescisorios> Acesso em: 03 jan. 2020.

88 TJCE; APL 0163105-55.2016.8.06.0001; Quarta Câmara de Direito Privado; Rel. Des. Francisco Bezerra Cavalcante; Julg. 12/11/2019; DJCE 18/11/2019; Pág. 198.

89 TJSP; AR 2234830-13.2019.8.26.0000; Ac. 13184442; São José dos Campos; Sexta Câmara de Direito Privado; Rel. Des. Rodolfo Pellizari; Julg. 13/12/2019; DJESP 18/12/2019; Pág. 3197.

Sobre o tema, em recente julgado, o Desembargador Amauri Pinto Ferreira argumenta:

> A ausência de citação ou a citação inválida é tratada como vício transrescisório, uma vez que, à falta de citação, o processo não existe em relação ao réu, o que pode ser reconhecido independentemente ou mesmo após o prazo da ação rescisória, via impugnação de sentença, embargos à execução, ou em ação declaratória autônoma de nulidade absoluta (querella nullitatis) (TJMG – Agravo de Instrumento-Cv 1.0040.16.006875-1/001, Relator(a): Des.(a) Amauri Pinto Ferreira, 17ª CÂMARA CÍVEL, julgamento em 08/02/2018, publicação da súmula em 26/02/2018)

Em consonância:

> Consoante doutrina e jurisprudência predominantes, tendo em vista a natureza excepcional da querela nullitatis insanabilis, a existência de vícios transrescisórios é pressuposto para a procedência do pedido, sendo a ausência ou invalidade do ato citatório o exemplo clássico deste tipo de vício. (TJDF; APC 07110.21-30.2018.8.07.0001; Ac. 122.2147; Primeira Turma Cível;

Relª Desª Simone Lucindo; Julg. 04/12/2019; Publ. PJe 21/01/2020)

2.4.2. Comparecimento espontâneo do citando

Muito embora a lei e parcela da jurisprudência transmitam a ideia de nulidade absoluta das citações realizadas com a não observância dos preceitos legislativos, ou a ausência de ato citatório, a nulidade deve ser sanada caso a parte compareça aos autos após a citação inválida, ou inexistente, praticando o ato esperado, conforme é possível extrair dos ensinamentos de Egas:

> A lei aparenta não distinguir os efeitos da ausência de citação inicial ou da sua nulidade[90], e os efeitos de outros quaisquer vícios do processo. Em ambos os casos se refere a 'invalidade', redutível a simples nulidade, que pode ser sanada pelo comparecimento do citado[91].

Tal medida é entendida como inovação, visto que o Código de Processo Civil de 1973 admitia que o réu comparecesse em juízo para alegar a nulidade da citação e

---

90 Muito embora Pontes de Miranda aponte que "a citação nula é a citação feita, mas nulamente." (MIRANDA, 1996).

91 ARAGÃO, E. D. M. **Comentários ao Código de Processo Civil**. 8 ed. Rio de Janeiro: Forense, vol II, arts. 154-269, 1995. p. 155.

não para apresentar defesa, possibilidade esta inexistente no novo código, ou seja, comparecendo o réu espontaneamente em juízo, estará imediatamente sujeito aos efeitos da citação, nesta hipótese, nos ensina Humberto Theodoro Júnior:

> O código atual, como se vê, é implacável: comparecendo o réu, depois de uma citação nula, terá de produzir logo sua defesa, sob pena de, ultrapassado o prazo para tanto, ser havido como revel, nada obstante a nulidade ocorrida no ato citatório. Essa inflexibilidade da norma codificada, entretanto, só pode prevalecer enquanto o processo se achar em primeiro grau de jurisdição, ou seja, em condições de, ainda, receber a contestação ou os embargos do devedor. Se o estágio processual já alcançou grau superior, não se pode recusar ao réu o direito de só arguir a nulidade da citação, mesmo porque, àquela altura, não teria condições legais e técnicas em imediatamente contestar a ação ou embargar a execução[92].

Cabe mencionar, que é posição dominante o entendimento de que a juntada aos autos de procuração com

---

92 THEODORO Jr. H. **Curso de direito processual civil.** 59. ed. Rio de Janeiro: Forense, 2018. p. 572.

poderes especiais equivale ao comparecimento espontâneo do réu, por demonstrar que este já tem conhecimento dos atos e fatos discutidos no processo, devendo a contagem do prazo para apresentação de defesa iniciar-se desde então, em consonância:

> PROCESSUAL CIVIL. AGRAVO INTERNO NO AGRAVO EM RECURSO ESPECIAL. APRECIAÇÃO DE TODAS AS QUESTÕES RELEVANTES DA LIDE PELO TRIBUNAL DE ORIGEM. AUSÊNCIA DE AFRONTA AOS ARTS. 489 E 1.022 DO CPC/2015. COMPARECIMENTO ESPONTÂNEO. JUNTADA DE PROCURAÇÃO. AUSÊNCIA DE PRÁTICA DE ATO DE DEFESA. CITAÇÃO. NULIDADE ESTENDIDA AOS ATOS SUBSEQUENTES. DECISÃO MANTIDA. 1. Inexiste afronta ao art. 1.022 do CPC/2015 quando o acórdão recorrido pronuncia-se, de forma clara e suficiente, acerca das questões suscitadas nos autos, manifestando-se sobre todos os argumentos que, em tese, poderiam infirmar a conclusão adotada pelo Juízo. 2. O comparecimento do advogado da parte em juízo,

segundo precedentes desta Corte, supre o ato citatório apenas quando vise à prática de ato efetivo de defesa. A mera juntada de procuração não supre o ato. 3. A nulidade da citação comunica-se a todos os atos subsequentes, não sendo possível a manutenção da penhora. 4. Agravo interno a que se nega provimento. (AgInt no AREsp 759.322/MG, Rel. Ministro ANTONIO CARLOS FERREIRA, QUARTA TURMA, julgado em 15/10/2019, DJe 17/10/2019)[93]

2.4.3. Nulidade absoluta ou relativa da citação inválida

A nulidade absoluta é vista apenas como ordenamento geral, tendo, por claro, as suas exceções, como por exemplo, em face do comparecimento do réu, depois de citado, apresentado defesa, embora o mandado de citação não tenha preenchido qualquer dos requisitos listados no Art. 250[94], desta forma, o magistrado deverá ponderar caso a caso.

---

93 Em seu voto, o Ministro Relator aduz que: "(...) o comparecimento espontâneo, apenas supre o ato citatório quando praticados atos de defesa."

94 MONTENEGRO Filho, M. **Novo Código de Processo Civil Comentado**. São Paulo: Atlas. 2018. p. 225.

Neste sentido, a citação válida transparece a sua indispensabilidade, não só para garantir direitos processuais, mas também para que sejam resguardados os direitos fundamentais ao contraditório e à ampla defesa da parte passiva da lide[95].

Concluindo, em que pese a formalidade exigida para a validade da citação, por tratar-se de um ato destinado justamente a dar ciência dos autos a parte interessada, e permitir, assim, que esta participe de alguma forma do processo, o comparecimento pessoal e espontâneo, nos termos do Art. 239 do Código de Processo Civil, supre a ausência de citação válida, diante do preenchimento da finalidade deste ato, sem prejuízo, por força do princípio da instrumentalidade das formas[96], previstos nos Arts. 188 e 277 do CPC, assim considerando a orientação do Egrégio Tribunal de Justiça Mineiro:

---

[95] SARLET, I. MARINONI, L. G. MITIDIERO, D. **Curso de Direito Constitucional.** São Paulo: RT, 2012, p. 615 e ss.

[96] Adotando o princípio da liberdade das formas, o processo civil brasileiro afastou a incidência do princípio da legalidade da forma. Dessa maneira, a exigência de determinada forma para determinados atos está restrita às hipóteses taxativas e expressamente previstas em lei. **PORTANOVA**, 1999, p.363.

O implemento de ato processual nulo que não gera prejuízo para as partes não deve ser reconhecido, em observância ao que preleciona o princípio da instrumentalidade das formas. (TJMG – Apelação Cível 1.0702.14.026071-3/001, Relator(a): Des.(a) Amauri Pinto Ferreira, 17ª CÂMARA CÍVEL, julgamento em 13/11/0019, publicação da súmula em 18/11/2019)

2.4.4. Nulidade de atos processuais à luz do princípio da instrumentalidade das formas no Código de Processo Civil

Sendo um ato processual realizado de forma diversa daquela prevista em lei, e assim atingir a sua finalidade, válido será considerado, desde que não traga prejuízos às partes, em nome do princípio da instrumentalidade das formas.

Tal instituição fora adotada por nosso Código de Processo Civil em nome da simplicidade, transparecendo a vagarosa, porém constante desvinculação do clássico formalismo jurídico.

Desta maneira, temos que referido princípio não encontra um fim em si mesmo, tal como demais matérias processuais, servindo de meio previamente positivado para que a relação processual tenha seu curso definido até a solução da lide, em outras palavras, Marques nos ensina:

> (...) a forma processual é instrumento para a realização do ato segundo o princípio que regem o processo. A forma não é um fim em si, mas o modo e o meio de que serve a lei para que a relação processual atinja a seus objetivos dentro dos postulados a que se subordina. Por isso mesmo, a nulidade de um ato processual somente deve ser decretada quando necessária e imprescindível. Não se invalida um ato de procedimento, a não ser em último caso. As normas processuais, como instrumentos para realização, fora do processo, dos imperativos da ordem jurídica, procuram manter e resguardar, em muitos casos, o ato praticado de maneira defeituosa, para evitar que o processo fuja a seus objetivos fundamentais[97].

Seu amparo legal, é encontrado no artigo 188 do CPC pátrio, mencionando claramente que:

> Os atos e os termos processuais independem de forma determinada,

---

97 MARQUES, J. **Instituições de direito processual civil.** 2000, p. 384.

salvo quando a lei expressamente a exigir, considerando-se válidos os que, realizados de outro modo, lhe preencham a finalidade essencial[98].

2.4.5. Prazo mínimo entre a citação e a realização de audiências

Nos termos do artigo 334 do Código de Processo Civil de 2015, certificado o preenchimento dos requisitos essenciais a propositura da ação pela petição inicial, e, não sendo o caso de improcedência liminar do pedido, deverá ser designada audiência de conciliação ou mediação.

Entretanto, tratando-se do procedimento comum, mostra-se necessário observar um lapso temporal mínimo de vinte dias[99] entre a citação e a realização da audiência assinalada, este prazo será contado a partir da juntada do mandado[100] nos autos processuais.

O prazo, além de ser contado a partir da data lançada no comprovante de citação respectivo, como mandado, ou aviso de recebimento, é reduzido para quinze dias[101] nos

---

98 BRASIL. Código de Processo Civil. **Planalto**, 2015. Disponível   em: <http://www.planalto.gov.br/ccivil_03/_ato2015-2018/2015/lei/l13105.htm>. Acesso em: 10 jan. 2020.
99 Prazo em dobro nos casos definidos em lei.
100   Ou outro instrumento comprobatório da citação.

procedimentos dos juizados especiais cíveis, por força do artigo 16 e o parágrafo único do artigo 27 da Lei nº 9.099/95, *in verbis:*

> Art. 16. Registrado o pedido, independentemente de distribuição e autuação, a Secretaria do Juizado designará a sessão de conciliação, a realizar-se no prazo de quinze dias.
>
> Art. 27. Não instituído o juízo arbitral, proceder-se-á imediatamente à audiência de instrução e julgamento, desde que não resulte prejuízo para a defesa.
>
> Parágrafo único. Não sendo possível a sua realização imediata, será a audiência designada para um dos quinze dias subseqüentes, cientes, desde logo, as partes e testemunhas eventualmente presentes[102].

101 Nos processos em trâmite pelos Juizados Especiais da Fazenda Pública, o prazo mínimo corresponde a 30 dias, termos do artigo 7º da Lei 12.153 de 22 de dezembro de 2009.

102 BRASIL. **Lei nº 9.099, de 26 de setembro de 1995**, 1995. Disponível em: <http://www.planalto.gov.br/ccivil_03/leis/l9099.htm>. Acesso em: 19 fev. 2020.

2.5. Distinção entre citação e intimação

2.5.1. Distinção conceitual

Conforme anteriormente expresso, trata-se a citação de um ato pelo qual o réu, interessado ou executado é convocado para integrar à lide, fazendo, a partir daí, que recaia sobre este os efeitos oriundos desta inclusão.

Entretanto, tratando-se de intimação, explica Gonçalves[103] que, as intimações possuem o escopo de comunicar as partes ou auxiliares da justiça, dos acontecimentos realizados no processo, como por exemplo adverti-los da designação de uma audiência, que teve uma nova peça juntado aos autos, publicação de sentença, intimação para apresentação de informações, etc.

Desta maneira, fica claro dizer que as intimações tratam-se de atos processuais, os quais servem para provocar as partes a fim de que estas façam algo no processo, como apresentarem suas alegações finais, ou deixar de fazê-lo, como quando concedida uma tutela na

---

103   GONÇALVES, M. V. R. **Novo Curso de Direito Processual Civil**. São Paulo: Saraiva, 2018

qual o réu não poderá incluir o nome do autor nos órgãos de proteção ao crédito.

Segundo Theodoro Júnior:

> trata-se de ato de comunicação processual da mais relevante importância, pois é da intimação que começam a fluir os prazos para que as partes exerçam seus direitos e as faculdades processuais[104].

Fica claro, portanto, que enquanto a citação noticia o requerido que existe um processo contra ele e o convoca para compor a lide, a intimação possui a finalidade de informar as partes que algo aconteceu nos autos.

2.5.2. Distinção legal

Nosso Código de Processo Civil trata, em seu título II, acerca das comunicações dos atos processuais, mencionando a citação no capítulo II, e sobre as intimações no capítulo IV, conceituando, este último, de forma expressa como "Intimação é o ato pelo qual se dá ciência a alguém dos atos e dos termos do processo[105]", através de seu artigo 269.

---

104 THEODORO Júnior, H. **Curso de Direito Processual Civil**. 59. ed. Rio de Janeiro: Forense, v. 1, p. 592, 2018.

O Código de Processo Civil de 2015 adota como formas de intimação as mesmas realizadas para a citação, ou seja, através de meio eletrônico, pelo Diário Oficial, por correspondência, por mandado ou edital.

Há ainda a possibilidade das intimações ocorrerem em audiência, vez que decorrem da decisão do magistrado que preside o ato, desta forma, torna-se dispensável qualquer ato subsequente de comunicado às partes.

Conforme prescreve o código supracitado, em seu art. 270, as intimações devem ser feitas preferencialmente por meio eletrônico, na forma da Lei e caso ocorra duplicidade nas publicações, a jurisprudência explica que prevalece a intimação desta sobre a via DJe, dessa forma, a contagem do prazo deverá iniciar-se a partir da intimação por meio eletrônico, assim, segundo o STJ:

> AGRAVO INTERNO. AGRAVO EM RECURSO ESPECIAL. PROCESSUAL CIVIL. CPC/2015. INTIMAÇÃO NO DJE E INTIMAÇÃO ELETRÔNICA.

---

105   BRASIL. **Código de Processo Civil**. Planalto, 2015. Disponivel em: <http://www.planalto.gov.br/ccivil_03/_ato2015-2018/2015/lei/l13105.htm>. Acesso em: 10 jan. 2020.

CONTAGEM DO PRAZO RECURSAL. PREVALÊNCIA DA INTIMAÇÃO ELETRÔNICA. EXEGESE DO ART. 5º DA LEI Nº 11.419/2006. TEMPESTIVIDADE DO AGRAVO EM RECURSO ESPECIAL. AUSÊNCIA DE DIALETICIDADE RECURSAL. INVIABILIDADE DE CONHECIMENTO DO AGRAVO. 1. Controvérsia acerca da contagem de prazo recursal na hipótese de duplicidade de intimações, um via DJe e outra via portal eletrônico de intimações. 2. 'As intimações serão feitas por meio eletrônico em portal próprio aos que se cadastrarem na forma do art. 2º desta Lei, dispensando-se a publicação no órgão oficial, inclusive eletrônico' (art. 5º, caput, Lei nº 11.419/2006, sem grifos no original). 3. Prevalência da intimação eletrônica sobre a intimação via DJe, na hipótese de duplicidade de intimações. Entendimento em sintonia com o CPC/2015. 4. Contagem do prazo recursal a partir da data em que se considera realizada a intimação eletrônica, sendo tempestivo o agravo em Recurso Especial interposto nestes autos. 5. Positivação do princípio da dialeticidade no sistema recursal brasileiro, conforme se depreende da norma do art. 932, inciso III, do CPC/2015. 6. Inadmissibilidade do agravo cujas razões não se mostram suficientes para impugnar especificamente os fundamentos da decisão que inadimitiu o Recurso Especial (CF. art. 1.021, § 1º, do CPC/2015). 7. Inviabilidade de conhecimento do agravo em Recurso Especial, ainda que por outro fundamento. 8. Distinção entre sucumbência de pedido e sucumbência de fundamento. 9. AGRAVO INTERNO DESPROVIDO.(STJ; AgInt-EDcl-AREsp 1.430.159; Proc. 2019/0016277-3; RJ; Terceira Turma; Rel. Min. Paulo de Tarso Sanseverino; Julg. 08/10/2019; DJE 17/10/2019)

PROCESSUAL CIVIL E ADMINISTRATIVO. EMBARGOS DE DECLARAÇÃO NO AGRAVO INTERNO NO AGRAVO EM RECURSO ESPECIAL. RAZÕES DISSOCIADAS E INSUFICIENTES PARA ALTERAÇÃO DO JULGADO. SÚMULA Nº 284/STF. DUPLICIDADE DE INTIMAÇÃO. PREVALÊNCIA DA INTIMAÇÃO NO DIÁRIO DE JUSTIÇA

ELETRÔNICO. EMBARGOS DE DECLARAÇÃO DO PARTICULAR ACOLHIDOS, SUPRINDO A OMISSÃO APONTADA, SEM EFEITOS INFRINGENTES. 1. É entendimento desta Corte Superior de que havendo a duplicidade de intimações, eletrônica e publicação no DJE, prevalece esta última, uma vez que a publicação em Diário de Justiça eletrônico substitui qualquer outro meio de publicação oficial para quaisquer efeitos legais. Precedentes: AgInt nos EARESP. 1.015.548/RJ, Rel. Min. Humberto Martins, CORTE ESPECIAL, DJe 22.8.2018; AgInt no AREsp. 1.019.565/RJ, Rel. Min. Sérgio KUKINA, DJe 2.5.2017; AgInt no AREsp. 1.319.605/AP, Rel. Min. LUIS FELIPE SALOMÃO, DJe 13.11.2018; AgInt nos EDCL no AREsp. 1.247.595/RJ, Rel. Min. RAUL Araújo, DJe 12.11.2018; AgInt no AREsp. 1.284.641/RS, Rel. Min. HERMAN BENJAMIN, DJe 16.11.2018; AGRG no AREsp. 1.244.153/RJ, Rel. Min. Maria THEREZA DE Assis MOURA, DJe 1.8.2018; AgInt no AREsp. 1.112.110/RJ, Rel. Min. Maria ISABEL Gallotti, DJe 18.4.2018; AgInt no AREsp. 1.102.795/RN,

Rel. Min. ASSUSETE MAGALHÃES, DJe 10.4.2018. 2. Embargos de Declaração do Particular acolhidos, suprindo a omissão apontada, sem efeitos infringentes. (STJ; EDcl-AgInt-AREsp 1.229.542; Proc. 2018/0002234-5; RJ; Primeira Turma; Rel. Min. Napoleão Nunes Maia Filho; Julg. 25/02/2019; DJE 28/02/2019)

3. CITAÇÃO POR WHATSAPP, POR QUÊ NÃO?

Este capítulo buscará explanar a razão da não utilização do aplicativo mensageiro para o cumprimento do ato processual em estudo.

3.1. Citação por WhatsApp

3.1.1. O que é o WhatsApp?

Trata-se de um *software* desenvolvido para telefones móveis e computadores, compatível com vários sistemas operacionais, visando o compartilhamento de mensagens, imagens, áudios ou vídeos. Para que alguém tenha acesso ao aplicativo, basta que este possua um aparelho compatível com o aplicativo e tenha uma conexão com a rede Internet.

3.1.2. Ausência de previsão legal

Considerando os termos da citação por meio eletrônico, a citação via WhatsApp mostra-se prejudicada ante a sua ausência legislativa, certo que não há previsão tampouco regulamentação expressa neste sentido, diferentemente das intimações utilizando o mesmo aplicativo, e na carência normativa, para o Estado-Juiz é defeso agir, justamente para preservar a amplitude e eficiência da defesa, desta forma é o entendimento jurisprudencial:

> EMENTA: EXECUÇÃO. CITAÇÃO. APLICATIVO WHATSAPP. AUSÊNCIA DE PREVISÃO LEGAL. JUSTIÇA COMUM. CNJ. REGULAMENTAÇÃO PARA JUIZADOS ESPECIAIS. PRIMAZIA DA ORALIDADE E INFORMALIDADE.
> REQUERIMENTO NEGADO(...) A citação por WhatsApp não possui regramento normativo que a autorize, logo, consoante expressa disposição do Art. 246, V, do CPC, não se pode implementá-la. A regulamentação existente é acerca de intimações nos Juizados Especiais, não se aplicando a Justiça Comum, ante o alto grau de informalidade e oralidade que

orienta procedimento naqueles, enquanto que nesta há necessidade de rígida observância ao devido processo legal. (…) (TJMG – Agravo de Instrumento-Cv 1.0040.16.006875-1/001, Relator(a): Des.(a) Amauri Pinto Ferreira, 17ª CÂMARA CÍVEL, julgamento em 08/02/2018, publicação da súmula em 26/02/2018)

Todavia, como medida de inovação, o Tribunal Regional Eleitoral do Rio Grande do Sul, aprovou a resolução nº 315/2018[106], a qual dispõe acerca da comunicação dos atos processuais nos processos relativos às Eleições Gerais do ano de 2018, entretanto, apesar de ter sua utilidade limitada ao período eleitoral, a atitude do TRE-RS encontra supedâneo na modernização, sobretudo a se observar que, internacionalmente, a Índia já aderiu ao aplicativo mensageiro com o intuito de tornar mais célere a justiça, tendo as suas *summons* (citações), através do WhatsApp, nas cortes de Tamil Nadu, Gujarat, Punjab, Haryana, West Bengal, dentre outras[107].

---

106   **DEJERS**, n. 118, p. 4, 05.7.2018).

107   SS RANA & CO. India: Summons now also via WhatsApp. **Lexology**, 2018. Disponível em: <https://www.lexology.com/library/detail.aspx?g=22752 e94-9235-417f-b38f-5973cce1ea2f> Acesso em: 09 dez. 2019.

Acerca do tema, discorre Helena Abdo que o ordenamento pátrio possui restrições formais para medidas desta natureza, *in verbis*:

> O ordenamento jurídico brasileiro sempre adotou o sistema da mediação, por meio do qual a citação é ato realizado mediante ordem e intervenção direta do órgão jurisdicional. <u>Há exemplos de ordenamentos estrangeiros que adotaram o sistema da imediação, em que a própria parte está autorizada a promover a citação diretamente ou por portador/mensageiro, existindo, até mesmo, empresas especializadas na prestação desse tipo de serviço.</u> Esse último sistema vigora, geralmente, em países de tradição anglo-saxônica."[108] *(grifei)*.

Com tais dizeres, a utilização de um aplicativo mensageiro particular para cumprimento de um ato jurídico capaz de gerar futuras nulidades não nos parece a melhor opção, isto porquê, a ausência de regulamentação legislativa tornaria a sua utilização confusa e ineficaz, conforme ilustra

---

108   WAMBIER, T. A. A. e Outros. **Breves Comentários ao Novo Código de Processo Civil.** São Paulo: Revistas dos Tribunais. 2016. p. 770.

o Comunicado da Corregedoria Geral da Justiça do Estado de São Paulo, estendendo-se à citação via WhatsApp, muito embora tratar-se da intimação pelo mesmo aplicativo:

> (…) o Tribunal de Justiça do Estado de São Paulo se abstém de utilizar o procedimento de intimação via aplicativo WhatsApp. Tal medida tem como intuito garantir a segurança jurídica e processual dos autos submetidos a este Tribunal. Atualmente citações e intimações nos processos eletrônicos são realizadas por carta AR Digital Unipaginada, nos termos do Comunicado CG nº 1817/2016, trazendo agilidade e segurança[109].

3.1.3. Citação por WhatsApp por intermédio de oficial de justiça

Embora não seja expressamente autorizada esta modalidade de citação, acaba por decorrer da possibilidade do cumprimento deste ato através de telefone, amplamente utilizada nas comarcas brasileiras e que vem sendo

---

109 Comunicado CG nº 2265/2017, **Tribunal de Justiça do Estado de São Paulo**, 2017. Disponível em: <http://www.tjsp.jus.br/Corregedoria/Comunicados/Comunicado?codigoComunicado=13752&pagina=6> Acesso em: 03 jan. 2020.

considerada uma forma comum e eficaz de citação, muito embora alguns Tribunais de Justiça optem por não admitirem tal medida.

Sobre o tema, o Tribunal de Justiça de Minas Gerais reconhece que não se declara a nulidade da citação que se deu por intermédio de Oficial de Justiça[110], resta saber se tal orientação se aplica às citações realizadas por intermédio do aplicativo mensageiro em estudo.

3.1.4. STJ e a autorização da citação por WhatsApp (HC 641.877)

Muito embora toda argumentação trazida a baila, em recentíssima decisão advinda do Superior Tribunal de Justiça, a 5ª turma, em julgamento do Habeas Corpus nº 641.877, autorizou de forma expressa a possibilidade de citação realizada através do WhatsApp desde que observado elementos capazes de comprovar a autenticidade do ato citatório, sendo estes, número de telefone, confirmação escrita e foto individual do citando.

No voto, houve menção quanto ao colegiado *a quo*, manifestando que por ocasião da pandemia ocasionada pelo

---

110   TJMG – Apelação Cível 1.0145.05.273330-3/001.

82

Covid-19, a citação eletrônica através do aplicativo mensageiro deixa de ser tão somente uma questão de modernização do Poder Judiciário, tratando-se de uma clara questão de segurança e integridade física do ser humano.

Para o ministro-relator, "a tecnologia em questão permite a troca de arquivo de texto e imagem, o que possibilita, ao oficial de Justiça, com quase igual precisão da verificação pessoal, auferir a autenticidade da conversa", além de que, consoante demonstrado nesta obra, não há que se falar em nulidade, se o ato processual não causa nenhum prejuízo às partes.

Com tais considerações, verificamos que muito embora tratar-se de âmbito penal, onde o procedimento observado detém maiores garantias, decisões deste cunho acabarão por se tornar corriqueiras, seja em qualquer esfera de nossa justiça.

3.1.5. WhatsApp e as problemáticas fake news

Em pesquisa recente divulgada pelo Instituto Brasileiro de Geografia e Estatística (IBGE), apenas 5% daqueles que possuem celular não fazem uso do WhatsApp para se comunicarem.

Este alto número de usuários, faz do aplicativo mensageiro um meio fácil, barato e eficaz de disseminar informações em velocidades exponenciais.

Justamente por tratar-se do meio mais democrático de distribuição de informações, a manipulação causada por mensagens através deste e de demais aplicativos, é capaz de assustar.

Alfonso López argumenta que manipular, é tratar alguém como se objeto fosse, *in verbis:*

> Manipular equivale a manejar. De per si, somente os objetos são suscetíveis de manejo. Posso utilizar uma esferográfica para minhas finalidades, guardá-la, trocá-la, descartá-la. Estou no meu direito, porque se trata de um objeto. Manipular é tratar uma pessoa ou grupo de pessoas como se fossem objetos, a fim de dominá-los facilmente. Essa forma de tratamento significa um rebaixamento, um aviltamento[111].

Como instrumento de manipulação, estima-se, inclusive, que a distribuição de informações falsas, as

---

111　QUINTÁS, A. L. A manipulação do homem através da linguagen. **Mandruvá**, 2001. Disponível em <http://www.hottopos.com/mp2/alfonso.htm> Acesso em 26 jan. 2020.

famosas *fake news*, possuíram impacto considerável nas eleições para Presidente da República no Brasil em 2018.

Sobre o tema o Desembargador André Gustavo Corrêa de Andrade, em matéria veiculada pela revista Exame explicou:

> A campanha provocou um aumento na divulgação das fake news e isso é preocupante" (...) essa é uma questão que preocupa por causa do discurso de ódio. Tem de ser combatida culturalmente[112].

Em que pese não tratar-se o texto sobre este tema, importa explicá-lo, sobretudo a se observar a dificuldade de incluir um sistema suscetível a manipulação, em um ordenamento jurídico novo e em amplo desenvolvimento.

3.1.6. WhatsApp e os casos de não cooperação com o judiciário

Decisões judiciais suspendendo o aplicativo mensageiro em todo território nacional estão se mostrando

---

112 PEREIRA, P. TOLEDO, L. F. MONNERAT, A. Disseminação de "fake news" para atacar candidatos marca eleição. **Exame,** 2018. Disponível em <https://exame.abril.com.br/brasil/disseminacao-de-fake-news-para-atacar-candidatos-marca-eleicao/> Acesso em 26 jan. 2020.

cada vez mais corriqueiras. A justificativa para mencionada suspensão, encontra supedâneo, na maior parte dos casos, ante a ausência de cooperação do Facebook, proprietária do WhatsApp, para com o poder judiciário brasileiro, como no caso deste entendimento da quarta turam do Tribunal Regional Federal:

> A possibilidade de encriptação não exclui o dever de preservar e entregar os dados às autoridades judiciárias, ou exclui o WhatsApp de possibilitar a interceptação do fluxo de comunicação - ou algo que lhe faça as vezes. Os provedores de conexões e de aplicações devem manter os dados de acesso e de comunicação em formato interoperável e estruturado para o atendimento das determinações judiciais. (TRF 4ª R.; ACR 5013569-69.2017.4.04.7200; SC; Sétima Turma; Relª Desª Fed. Cláudia Cristina Cristofani; Julg. 13/08/2019; DEJF 15/08/2019)

O argumento utilizado pelo aplicativo encontra fundamento na criptografia[113] aplicada nas mensagens

---

113 Conjunto de regras e técnicas utilizado para cifrar, para codificar a escrita, transformando-a num tipo de código incompreensível para quem não está autorizado a ter acesso ao seu conteúdo. Disponível em

trocadas por seus usuários, aduzindo a impossibilidade de fornecer ao Poder Judiciário o conteúdo ali contido.

Sendo verdade ou não, fato é que as recentes recusas de cooperação para com o Judiciário brasileiro, acabou danificando a imagem do mensageiro junto aos demais poderes públicos, em que pese ter fortalecido a imagem de segurança junto a seus usuários comuns.

O ilustre desembargador federal Reis Friede, menciona que os recentes bloqueios judiciais mostram-se dissonantes da realidade, neste sentido:

> No caso em questão, parece-nos, *data maxima venia*, que a "realidade da vida" foi absolutamente olvidada. Ora, o WhatsApp, sem dúvida, é um dos meios de comunicação mais usados atualmente. Segundo informa- ções veiculadas pelo próprio MARK ZUCKERBERG, fundador do Facebook, em dezembro de 2015 mais de 100 milhões de brasileiros já usavam diariamente o aplicativo de mensagens (...) não seria, portanto, minimamente razoável que se bloqueasse o referido aplicativo. De igual forma, não há razoabilidade na

<https://www.dicio.com.br/criptografia/> Acesso em 27 jan. 2020.

paralisação do trânsito de toda uma cidade com o intuito de se perseguir um bandido em fuga, pois o benefício experimentado pela sociedade em decorrência da prisão seria muito menor que os males causados pela ação estatal.

Assim, incumbe ao Julgador, necessariamente, - e por imperioso dever de ofício -, ponderar a forma mais adequada para fazer cumprir as suas decisões, de modo que o meio escolhido para tanto seja, ao mesmo tempo, o mais efetivo e o menos prejudicial para a sociedade[114].

Segundo o tema, Osmar Kaminski, denota negativamente quanto ao uso do WhatsApp para tais fins, argumentando, para tanto, que o uso do aplicativo blindaria o mesmo contra eventuais bloqueios judiciais em território nacional, impedindo o pleno funcionamento das intimações pelo meio porquanto perdurar a restrição[115], criando um

---

114   FRIEDE, R. **Repensando a atuação do Poder Judiciário:** O caso WhatsApp. Revista da Emerj, 016. v. 19, n.73, p. 240.

115   Conjur. WhatsApp pode ser usado para intimações nos juizados especiais. **Consultor Jurídico,** 2017. Disponível em <https://www.conjur.com.br/2017-jun-28/WhatsApp-usado-intimacoes-juizados-especiais> Acesso em 19 de fevereiro de 2020.

sério estado de dependência entre o Poder Judiciário e o Software em comento.

Entretanto, em julgamento ao Procedimento de Controle Administrativo, fora firmado o entendimento de que os casos de não cumprimento de medidas judicias em nada obsta a sua utilização com finalidade de comunicação de atos processuais, assim:

> Quanto ao controle do conteúdo compartilhado, os casos concretos envolvendo o descumprimento de decisões judiciais por parte da empresa Facebook, proprietária do aplicativo WhatsApp, em nada impactam seu uso para a finalidade pretendida nestes autos. É que a discussão circundante da relação WhatsApp-Judiciário refere-se ao acesso por terceiros ao conteúdo das mensagens, não envolvendo os próprios interlocutores[116].

Por certo, parece-nos justo o voto mencionado, mesmo que este discorra sobre possibilidade das intimações nos Juizados Especiais, que serão tratados oportunamente.

3.2. Possibilidade de intimação por WhatsApp na Justiça Comum

---

116 CNJ, Procedimento de Controle Administrativo (PCA) 0003251-94.2016.2.00.0000.

3.2.1. Intimações por meio eletrônico

Diante da Lei nº 11.419/2006, fora regularizado o processo eletrônico, fazendo-se de modo a garantir maior celeridade e economia processual por toda a prestação jurisdicional.

Dessa forma, as citações e intimações poderiam ser realizadas, nos casos em que possíveis, através de meio eletrônico.

Ciente desta nova modalidade, foi acrescentado no Art. 237, parágrafo único do Código de Processo Civil de 1973, vigente à época, a seguinte redação: "As intimações podem ser feitas de forma eletrônica, conforme regulado em lei própria".

Já no vigente Código de Processo Civil, nota-se a preferência que o legislador adotou em seu Art. 270, quando estabeleceu que preferencialmente as intimações deverão ser feitas eletronicamente, exigindo ainda que seja na forma da lei, e somente quando não possíveis a sua realização, que as outras formas de intimação deverão ser utilizadas.

3.2.2. Intimações por WhatsApp no Código de Processo Civil

Encontra-se em trâmite no Senado Federal, o Projeto de Lei nº 176, de 2018, com o objetivo principal de acrescentar no Código de Processo Civil a regulamentação para as intimações por meio eletrônico através de aplicativo de mensagens multiplataforma, in verbis:

> Art. 270-A. As intimações poderão ser realizadas eletronicamente por meio de aplicativo de mensagens multiplataforma disponibilizado pelo juízo aos advogados e às partes que manifestarem seu interesse por essa forma de intimação.
>
> § 1º A intimação será considerada cumprida se houver confirmação de recebimento da mensagem por meio de resposta do intimando no prazo de vinte e quatro horas de seu envio.
>
> § 2º A resposta do intimando deverá ser encaminhada por meio do aplicativo, em mensagem de texto ou de voz, utilizando-se a expressão "intimado(a)", "recebido", "confirmo o recebimento", ou outra expressão análoga que revele a ciência da intimação.
>
> § 3º Ausente a confirmação de recebimento da intimação no prazo do § 1º, deverá ser procedida outra

intimação na forma ordinariamente prevista legislação processual.

§ 4º A não confirmação de recebimento de intimação no mesmo processo por três vezes consecutivas ou alternadas autorizará a exclusão do interessado do cadastro do juízo para intimação por meio do aplicativo de mensagens multiplataforma, vedando-se o recadastramento do excluído nos seis meses subsequentes.

§ 5º No ato do cadastramento, o interessado deverá informar o número de telefone por meio do qual deseja ser intimado, responsabilizando-se pelo recebimento das informações no número informado.

§ 6º O cadastramento poderá ser requerido em nome da Sociedade de Advogados, devendo ser colacionado o ato constitutivo e o nome dos advogados associados, bem como a inscrição na Ordem dos Advogados do Brasil.

§ 7º Presumem-se válidas as intimações dirigidas ao número de telefone cadastrado pelo interessado, em que haja confirmação de recebimento na forma do § 3º, ainda que posteriormente o interessado comprove que outra pessoa tenha confirmado o recebimento, com inclusão da hipótese de prova de alteração da titularidade do número informado, salvo se a modificação tiver sido devidamente comunicada ao juízo.

§ 8º No ato da intimação, o servidor responsável encaminhará pelo aplicativo a imagem do pronunciamento judicial, identificando:

I – o processo ao qual se refere o ato;

II – os nomes das partes e de seus advogados, com o respectivo número de inscrição na Ordem dos Advogados do Brasil, ou, se assim requerido, da sociedade de advogados; e

III – a informação de que deve haver a confirmação do recebimento no prazo de vinte e quatro horas para a validação da intimação processual.

§ 9º As intimações por meio do aplicativo serão encaminhadas durante o expediente forense.

§ 10. Observado o disposto no § 1º, recebida pelo juízo a confirmação de recebimento da intimação fora do horário do expediente forense ou em dia não útil, os prazos fluirão a partir do dia útil imediatamente posterior.

§ 11. As intimações realizadas na forma deste artigo serão certificadas nos autos[117].

A justificativa assinalada pelo Senador encontra respaldo na resolução normativa do Conselho Nacional de Justiça no julgamento do Procedimento de Controle Administrativo 0003251-94.2016.2.00.0000, e na Portaria Conjunta do premiado magistrado Dr. Gabirel Consigliero Lessa acerca das intimações no Âmbito dos Juizados Especiais.

A proposta vem em bora hora, conforme é possível extrair das palavras do Senador:

Tendo em vista a importância da iniciativa, apresentamos o presente projeto de lei, que busca inserir no Código de Processo Civil a autorização legal para o uso do aplicativo, tendo como base o

---

117   JEREISSATI, T. Projeto de lei do senado n° 176, de 2018. **Senado Federal,** 2018. Disponível em <https://legis.senado.leg.br/sdleg-getter/documento?dm=7717361&ts=1581945520587&disposition=inline> Acesso em 18 de fevereiro de 2020.

conteúdo da Portaria e os parâmetros estabelecidos pelo CNJ. A previsão legal revela-se, nesse momento, essencial para que a prática possa ser disseminada no país com segurança jurídica e o Poder Judiciário possa utilizar a tecnologia disponível e popularizada para a maior eficiência na prestação jurisdicional[118].

Resta mencionar que, caso seja sancionada, o Código de Processo Civil sobressairá em face da Resolução do CNJ, inclusive no âmbito dos Juizados Especiais, tendo em vista que, conforme pacificado entendimento doutrinário e jurisprudencial em casos semelhantes, a lei prevalece sobre os atos normativos.

Até a presente data, o projeto de lei fora aprovado, inclusive quando da sua consulta pública, seguindo à Câmara dos Deputados, onde recebeu o número PL 1595/2019.

---

118   JEREISSATI, T. Projeto de lei do senado nº 176, de 2018. **Senado Federal,** 2018. Disponível em <https://legis.senado.leg.br/sdleg-getter/documento?dm=7717361&ts=1581945520587&disposition=inline> Acesso em 18 de fevereiro de 2020.

3.3. WhatsApp e seu uso nos Juizados Especiais

Porquanto a ausência de regulamentação impossibilite a realização de citações por intermédio do WhatsApp, em se tratando das intimações utilizando o mesmo sistema, mostra-se plenamente possível, desde que realizada nos processos em trâmite nos Juizados Especiais.

3.3.1. Breves considerações sobre os Juizados Especiais

Para compreendermos o motivo da possibilidade de intimação utilizando um aplicativo mensageiro nos Juizados Especiais ser plenamente possível, e amplamente utilizado, primeiro se faz necessário tecer alguns comentários sobre a história do microssistema processual e sua lei.

3.3.2. História dos juizados especiais

A linha histórica consumadora dos Juizados Especiais origina-se na década de 80, de forma improvisada, através dos Conselhos de Conciliação e Arbitramento, com estes conselhos, cuja ausência de função judicante não obstou a boa experiência no Rio Grande do Sul119, levando-se a grande demanda por sua regulamentação normativa.

Até então, estes conselhos eram compostos por pessoas escolhidas entre advogados, juízes e promotores aposentados, juiz de paz, e professores, com idoneidade moral no âmbito social, com a premissa básica de reduzir o número de processos judiciais através da resolução extrajudicial dos conflitos de interesses simples.

Com o sucesso dos Conselhos De Conciliação e Arbitramento, a resposta legislativa ocorreu em sete de novembro de 1984, com o advento da Lei nº 7.244/84, dando origem ao consagrado Juizado Especial de Pequenas Causas, com a premissa basilar de julgar ações onde o valor patrimonial discutido não ultrapassava o teto de vinte salários-mínimos.

É possível compreender a criação dos Juizados Especiais de Pequenas Causas como uma solução primária aos pequenos conflitos que todos que convivem em sociedade estão sujeitos. Essas pendengas enxergavam a solução na justiça privada, a qual não se mostrava eficaz, visto que suas resoluções não resultavam em acordos aptos a satisfazerem os litigantes, de modo que várias ações

119   Salomão, L. F. **Roteiro dos Juizados Especiais Cíveis**. Rio de Janeiro: Editora Destaque, 1999. p. 29.

judiciais eram ajuizadas para a revisão parcial ou integral das transações.

Por consequência, o Estado percebeu a necessidade da efetiva criação de um mecanismo capaz de dirimir e solucionar as ações onde o litígio era considerado "pequeno" demais para movimentar toda uma máquina judiciária, de modo a evitar uma complicação em um sistema que já se encontrava sobrecarregado, enfrentando problemas de lentidão processual e morosidade.

A solução materializou-se com a entrada em vigor da Lei 7.244/84, a qual tentou amenizar a formalidade processual e redução de custos judiciais, de modo a garantir o acesso à justiça, conforme argumenta Watanabe:

> A proposta de criação do JEPC pretende, fundamentalmente, reverter essa mentalidade, resgatando ao Judiciário a credibilidade popular de que é ele merecedor e fazendo renascer no povo, principalmente nas camadas médias e pobre, vale dizer, do cidadão comum, a confiança na justiça e o sentimento de que o direito, qualquer que seja ele, de pequena ou grande expressão, sempre deve ser defendido. Da

defesa que cada um faça de seu direito pela via normal, depende a vitalidade da ordem jurídica nacional[120].

Ademais, explicita:

> A estratégia fundamental para o atingimento dessa meta está na facilitação do acesso à justiça. Essa é a ideia-chave do JEPC. O acesso é facilitado pela gratuidade em primeiro grau e pela possibilidade de ingresso direto no Juizado (a assistência de advogado é facultativa, querendo, o interessado poderá ter o patrocínio da causa por profissional do Direito, a lei prevê o funcionamento do Serviço de Assistência Judiciária junto ao próprio Juizado). Como outra grande preocupação foi remover aquela ideia negativa de que não vale a pena ir à Justiça, a lei procurou dar particular importância à conciliação e ainda buscou descomplicar, simplificar e sobretudo acelerar o processo[121].

---

120   WATANABE, K. **Juizado Especial de pequenas causas**. p.02/03.
121   WATANABE, K. **Juizado Especial de pequenas causas**. p.6.

Cabe salientar que os acordos concluídos nos Juizados Especiais de Pequenas Causas possuem natureza de título executivo extrajudicial, como assim entendeu o Supremo Tribunal Federal:

> O chamado Juizado Informal de Conciliação, constituído à margem da Lei n. 7.244/84, não tem natureza pública. Os acordos, aí concluídos, valem como títulos extrajudiciais, só podendo ter força executiva nos casos previstos em lei, como na hipótese de corresponderem ao disposto no art. 585, inc. II, do CPC. Poderão adquirir natureza de título judicial, se homologados pelo juiz competente (Lei n. 7.244, art. 55), o que não se verificou na hipótese em julgamento. STF. 3ª. Turma. RE n. 6.019, Rel. Min. Eduardo Ribeiro (2007).

De tal sorte, o critério adotado para fixação de competência era meramente patrimonial, e consoante ensinamento de Oriana Pinto, a legislação nova foi um grande avanço social, vindo regulamentar aquilo que já havia sendo aplicado por todo o país:

> Os Juizados de Pequenas Causas foram um sucesso e logo se espraiaram por todo o País. O

cidadão, incentivado pela mídia, passou a descobrir que a Justiça era, de alguma forma, acessível, barata e rápida. Apesar da estrutura precária, com carência material e de pessoal, sendo que o juiz, via de regra, acumulava outras funções na Justiça comum, ainda assim, os Juizados de Pequenas Causas sempre foram citados como exemplos de boa administração de Justiça[122].

Sobre o Juizado Especiais de Pequenas Causas, argui Antonio Pessoa Cardoso, de forma saudosa que:

A mente descomplicada de um homem público buscou meios para facilitar a vida dos pobres e de todos os cidadãos, através de uma justiça simples e mais próxima do povo[123].

Desta maneira, conforme ensina Athos Gusmão Carneiro:

---

122 PINTO, O. P. A. M. Juizados Especiais no Brasil – Parte I. **TJDF**, 2007. Disponível em: <https://www.tjdft.jus.br/institucional/imprensa/artigos-discursoseentrevistas/artigos/2008/juizado...; Acesso em 29 out. 2019.
123 CARDOSO, A. P. Origem dos Juizados Especiais. **Migalhas**, 2007. Disponível em: <https://www.migalhas.com.br/dePeso/16,MI47488,610 44-Origem+dos+Juizados+especiais>; Acesso em 29 out. 2019.

A Lei das Pequenas Causas, que teve seu início no estado do Rio Grande do Sul em 1982 com a criação dos "Conselhos de Conciliação e Arbitramento, não foi, e não se esperava mesmo que fosse, um corpo isolado com vida autônoma e despregado de raízes lançadas para fora de si. Ela constituiu um ponto bastante luminoso na constelação das leis processuais no universo do ordenamento jurídico brasileiro. A criação dos Juizados de Pequenas Causas foi uma imposição do interesse nacional, por representar a garantia do acesso à Justiça das grandes massas populacionais. As despesas com custas e honorários de advogado, o tempo perdido nas diligências preliminares ao ajuizamento da demanda, o temor de uma longa tramitação da causa, constituíam fatores que desestimulavam os prejudicados, mesmo pessoas de alguns recursos, de pleitear em juízo aquilo que entendiam ser de seu direito[124].

---

124   CARNEIRO, A. G. **Juizados de Pequenas Causas**: lei estadual receptiva. AJURIS, n. 33, mar. 85, p.7

Em linguagem técnica, discorre Pedro Manoel Abreu acerca do funcionamento dos Juizados Especiais de Pequenas Causas, assim:

> No Brasil, com a edição da Lei nº 7.244, de 7 de novembro de 1984, dispondo sobre a criação e o funcionamento dos juizados especiais de pequenas causas, foram definidas como de reduzido valor econômico, observado um critério valorativo, as lides que versassem sobre direitos patrimoniais, com pedido, à data do ajuizamento, não excedente a vinte salários mínimos, tendo por objeto condenação em dinheiro e entrega de coisa certa móvel ou o cumprimento de obrigação de fazer, a cargo do fabricante ou fornecedor de bens e serviços para consumo, ou, ainda, a desconstituição e a declaração de nulidade de contrato relativo a coisas móveis e semoventes[125].

Todavia, em que pese o grande aclamo por parte da população, alguns doutrinadores criticaram arduamente o

---

125 ABREU, P. M.. **Acesso à Justiça e Juizados Especiais**: O desafio histórico da consolidação de uma justiça cidadã no Brasil. Florianópolis: Fundação Boiteux, 2004. p. 112/113

diploma normativo, a exemplo de Watanabe que aponta pontos controversos:

> Após longo debate, temos afinal aprovada a Lei do Juizado Especial de Pequenas Causas (JEC). Tomou ela o nº 7.244/84, sendo sancionada a 7.11.84 e publicada no dia seguinte. As controvérsias surgidas giraram em torno de alguns aspectos secundários da proposta, como por exemplo a facultatividade do patrocínio da causa por advogado. Quanto à ideia-matriz, porém, que é a de facilitar o acesso à Justiça, pouca voz discordante se ouviu. Algumas pessoas procuraram substituir a ideia de criação do Juizado Especial de Pequenas Causas pela proposta de aperfeiçoamento do procedimento sumaríssimo, não se dando conta de que não se tratava de mera formulação de um novo tipo de procedimento, e sim de um conjunto de inovações, que vão desde nova filosofia e estratégia no tratamento dos conflitos de interesses até técnicas de abreviação e simplificação procedimental[126].

---

126   WATANABE, K. **Juizado Especial de pequenas causas**. São Paulo: Revistas dos Tribunais. 1985. p.01

Atendendo a emanada demanda social, os Juizados Especiais foram previstos no artigo 98 da Constituição da República Federativa do Brasil de 1988, sendo as suas criações atribuídas à União, Distrito Federal e aos Estados, entretanto, a Carta Política não criou os Juizados Especiais, apenas tratou-se de constituir normas amplas e gerais, delegando, assim, ao legislador estadual a sua instituição propriamente dita. Em igual sentido, leciona Adriano Roberto Vancim e José Eduardo Junqueira Gonçalves:

> A Constituição Federal de 1988 tratou do Juizado Especial de pequenas causas (art. 24, X da CF) cuja criação, funcionamento e processo puderam ser disciplinados em lei federal, estadual ou distrital (concorrentemente), ora trata dos Juizados Especiais para Causas Cíveis de menor complexidade e Infrações Penais de menor potencial ofensivo (art. 98, I da CF), cuja criação compete à União (no Distrito Federal e nos territórios) e aos Estados Membros (que concorrentemente legislarão tão somente sobre os procedimentos em matéria processual)[127].

---

127   VANCIM, A. R. e GONÇALVES, J. E. J. **Lei dos Juizados Especiais Anotada e Interpretada 2ª**

A competência chegou a ser discutida pelo STF através do Habeas Corpus 71713-6 da Paraíba, em 1994, onde ficou decidido que:

> Após o advento da Constituição de 1988, determinando a criação dos Juizados Especiais Cíveis e Criminais, como o legislador federal não apresentava regulamentação para a matéria, alguns Estados passaram a entender, com esteio no artigo 24, incisos X e XI da Constituição Federal, que teriam competência legislativa concorrente, de modo a criar e regular o processo e procedimento dos novos órgãos previstos em sede constitucional (art. 98, I da Constituição Federal). Desta forma, o Estado de Santa Catarina criou os Juizados Especiais Cíveis, disciplinando seu funcionamento e estabelecendo as causas cíveis de menor complexidade, através da Lei Estadual no 1.141/93. Também o Estado do Mato Grosso do Sul criou seus Juizados Especiais Cíveis e Criminais, através da Lei Estadual no 1.071/90. Entretanto, o Supremo Tribunal Federal decidiu, no Habeas

Edição. São Paulo: Mundo Jurídico Editora, 2016. p. 26.

corpus no 71713-6, da Paraíba, em 26 de outubro de 1994, que os Estados não poderiam legislar criando os Juizados Especiais Criminais, porquanto a matéria é de competência legislativa exclusiva da União.

Isto posto, de acordo com a constituição, vale transcrever seu artigo 98, in verbis:

Art. 98. A União, no Distrito Federal e nos Territórios, e os Estados criarão: I – juizados especiais, providos por juízes togados, ou togados e leigos, competentes para a conciliação, o julgamento e a execução de causas cíveis de menor complexidade e infrações penais de menor potencial ofensivo, mediante os procedimentos oral e sumaríssimo, permitidos, nas hipóteses previstas em lei, a transação e o julgamento de recursos por turmas de primeiro grau.

Conforme lembra Álvaro Couri Antunes, do texto constitucional, extrai-se o princípio democrático e primordial do acesso à justiça, tendo como elementar prescrição constitucional o Juizado Especial:

A Carta Política de 1988, denominada de Constituição cidadã, trouxe para o ordenamento jurídico princípios explícitos e implícitos de incremento do acesso à justiça. Aliado a isso, ganhou relevo a ideia de que a Constituição não se constitui numa mera carta de intenções, porquanto dela emanam diretamente normas garantidoras das quatro gerações de direitos[128].

Ressalta ainda que:

> Outro mandamento constitucional que viabiliza o acesso à justiça concerne à criação dos Juizados Especiais, aproximando o indivíduo do poder Judiciário, tanto no âmbito estadual como federal, fixando princípios que permitem a todos exercitar suas pretensões com celeridade, simplicidade e sem ônus para o postulante que, em princípio, só pode ser pessoa física, ex vi do disposto no artigo 98, I, da Constituição da República e da lei 9.099/95 que regulou os Juizados Especiais nas justiças estaduais[129].

---

128 SOUSA, A. C. A. **Juizados Especiais Federais Cíveis**: aspectos relevantes e o sistema recursal da Lei nº 10.259/01. p. 52/54.

129 SOUSA, A. C. A. **Juizados Especiais Federais Cíveis**: aspectos relevantes e o sistema recursal da Lei

Em 1995, a lei n° 9.099/95 adentra o ordenamento jurídico brasileiro com o intuito de não só alterar a nomenclatura de "Juizado Especial de Pequenas Causas" para "Juizado Especial", como também ampliar a sua competência e prevendo, além do seu âmbito cível, a área criminal. (CHASIN, 2007), desta maneira, a alteração do Juizado Especial, através da Lei n° 9.099/95, trouxe novidades que vieram a inovar de forma a amplificar positivamente os aspectos que eram apreciados sobre a égide da Lei n° 7.244/84, assim:

> A novidade, que permeou esses dois momentos, foi a expansão do juizado para matérias criminais, através da extensão de seus procedimentos às infrações penais de menor potencial ofensivo. Além disso, a Lei 9.099/95 trouxe também ampliações da competência do juizado cível, tanto em função do valor da causa quanto pelas matérias tratadas[130].

Em igual sentido se mostra o manifesto de autoria da doutrinadora Fátima Teresinha Felippe ao salientar as

---

n° 10.259/01. p. 52/54.
130   SOUSA, A. C. A. **Juizados Especiais Federais Cíveis**: aspectos relevantes e o sistema recursal da Lei n° 10.259/01. p. 52/54.

inovações da então nova lei em seu artigo: "A criação dos Juizados Especiais Como Modelo Inovador No Acesso à Justiça", publicado no site VirtuaJus no ano de 2018, in verbis:

> Os Juizados Especiais surgem no Brasil com o advento da Lei n° 7.244, de 07/11/1984, conhecida como a Lei do Juizado Especial de Pequenas Causas, e sua criação está prevista no art. 98, I da Constituição Federal/88. Transcorridos dez anos da Lei n° 7.244, de 07/11/1984, esta é revogada pela Lei n° 9.099 de 26/09/1995, que dispõe sobre os Juizados Especiais Cíveis e Criminais nos Estados, e tem por objetivo tornar o processo informal, célere, eficiente, além de mais acessível à população[131].

Ana Carolina da Matta Chasin nos ensina que durante os debates constituintes, os juizados enfrentaram grandes empecilhos, sobretudo porquê foi estabelecido um consenso em torno da defesa dos Juizados Especiais e,

---

131   FELLIPE, F. T. A criação dos Juizados Especiais Como Modelo Inovador No Acesso à Justiça. **VirtuaJus**. v. 3, n. 4, ISSN 1678-3425, 2018. p. 141-159.

embora tenha havido o enfrentamento de duas coalizões partidárias com relação a alguns pontos do texto, "negociações bem-sucedidas garantiram a aprovação do artigo constitucional que dispõe a seu respeito".

O diploma normativo em análise permitiu que a competência estabelecida pela Lei dos Juizados Especiais de Pequenas Causas fosse ampliada, abrindo um leque de oportunidades, como por exemplo, as causas cujo valor não exceda quarenta salários-mínimos, como as ações referidas no então art. 275, II do Código de Processo Civil, as ações possessórias cujo valor não exceda o limite fixado pela lei e as ações de despejo para uso próprio.

Vários doutrinadores viam este novo instituto como um progresso no direito processual brasileiro, contudo observaram que esta extensão da competência da Lei dos Juizados Especiais Cíveis poderia criar obstáculos a celeridade do processo, haja vista que teria um significativo aumento das demandas judiciais. Neste sentido, para melhor esclarecimento, Paulo Lúcio Nogueira dispõe que:

> Com a ampliação de sua competência, contudo, o Juizado Cível corre o risco de ficar emperrado, com o trabalho

111

acumulado, como o juízo comum, deixando de ser célere. Funcionando uma vez por semana, após o expediente normal, não terá condições de enfrentar a carga de trabalho que lhe está sendo atribuída. Assim, os objetivos que levaram o legislador a criá-lo estão sendo desvirtuados com essa ampliação de sua competência, já que serão atingidos por falta de tempo e de pessoal devidamente preparado[132].

Contudo, nos dias que correm, ao analisarmos o microssistema dos Juizados Especiais, podemos observar um pleno funcionamento de varas consolidadas, atuando em pé de igualdade com as varas comuns, e em não raros casos, mais eficientes, seja na esfera criminal, cível ou fazendária, utilizando-se de procedimentos e meios mais eficazes, céleres e econômicos, conforme argui Hélio Martins Costa:

> Neste passo, a Lei dos Juizados Especiais veio constituir importante instrumento jurisdicional a propiciar justiça ágil, desburocratizada, desformalizada e, principalmente, acessível a todos os cidadãos. E, o

---

132   NOGUEIRA, Paulo Lúcio. **Juizados Especiais Cíveis e Criminais**. São Paulo: Saraiva. p. 11.

que é mais importante, trata-se de justiça de resultado rápido[133].

Fácil notar a significante diminuição da lentidão processual, sobretudo ao se levar em conta a criação dos Juizados Especiais, visto que fora incorporado à antiga Lei dos Juizados de Pequenas Causas uma competência mais ampla, englobando além das demandas de ações cíveis, como também as infrações penais de menor potencial ofensivo.

Destarte, devemos entender que a finalidade essencial dos Juizados Especiais, inobstante todas as suas vantagens, é o acesso à justiça, premissa basilar do ordenamento jurídico pátrio, e justamente por essa razão, diversamente da justiça comum, a necessidade social é plenamente capaz de modular o procedimento em comento.

Diante da icônica frase do jurista Rui Barbosa, "Justiça tardia não é justiça, senão injustiça qualificada e manifesta", mostra-se possível entender o microssistema dos Juizados Especiais como um resultado vitorioso do

---

133 COSTA, Helio Martins. **Lei dos Juizados Especiais Cíveis: Anotada e sua interpretação jurisprudencial**. p. 15.

grande aclamo popular por uma justiça mais simples, acessível, eficaz, célere, e por fim, justa.

Diferentemente de outros diplomas normativos existentes no ordenamento jurídico pátrio, a Lei nº 9.099/95 se distancia de ser tão somente uma criação dos poderes estatais para lidar com problemas diários, sendo, portanto, um fruto social consequente de uma transformação histórica-jurídica, advinda principalmente das necessidades básicas da vida em sociedade.

Em que pese os notórios empecilhos enfrentados pelo formalismo processual brasileiro, os Juizados Especiais permanecem sendo referência de justiça tanto em âmbito nacional, quanto internacionalmente, notoriamente por seu sucesso ao atendimento de seus jurisdicionados, fazendo-se de uma forma efetiva, simples, célere, economicamente viável, igualitária e satisfativa, como meio de atender e garantir o acesso à justiça previsto constitucionalmente, nos moldes orientativos de Mauro Cappelletti e Bryant Garth.

Por assim ser, constitui verdade soberana que o sagrado direito ao acesso à justiça, notadamente a ordem jurídica justa a todos permissivo, constitui viga basilar do

Microssistema dos Juizados Especiais, do qual não pode encontrar intransponível embaraço a seu regular exercício.

Para tanto, incumbe aos operadores e aplicadores do Direito o respectivo acolhimento normativo, como, aliás, verificado como tendência secular em nosso ordenamento jurídico, do qual, o reconhecido sucesso, destoa em grande parte do conhecimento técnico e prático dos que manuseiam e espelham a Ciência Jurídica como modelo de resolução pacificadora dos conflitos.

Somente assim teremos uma justiça mais célere, eficaz e com altivez de pacificação social, sendo esta a razão de ser e de expressão maior dos Juizados Especiais.

3.3.3. Intimações via WhatsApp nos Juizados Especiais

A ideia surgiu de início na cidade de Piracanjuba, no estado de Goiás, a qual teve notoriedade no Prêmio Innovare[134] de 2015, onde o juiz do Juizado Especial Cível

---

134   O Prêmio Innovare é uma associação sem fins lucrativos, a qual identifica, divulga e difunde práticas que contribuam para uma melhora no efetivo da Justiça no Brasil. Participam das Comissão Julgadora do Innovare ministros do STF e STJ, desembargadores, promotores, juízes, defensores, advogados e outros

e Criminal da comarca, Dr. Gabriel Consigliero Lessa, realizava as intimações por WhatsApp com fundamento na Portaria Conjunta nº 01/2015, a qual foi produzida em conjunto com a Ordem dos Advogados do Brasil daquele município.

Esta Portaria não impunha às partes as intimações pelo aplicativo, mas sim, facultava a estas o uso do WhatsApp, por sua maior comodidade e celeridade, exigindo, para tanto, que a pessoa intimada confirmasse o recebimento da mensagem no prazo de 24 (vinte e quatro) horas. Havendo ausência de confirmação, a intimação ocorreria de forma convencional.

Contudo, a Corregedoria Geral de Justiça do Estado de Goiás proibiu[135] o uso de aplicativo no Juizado Especial Cível e Criminal para os fins de intimação naquela comarca, alegando, para tanto, a ausência de regulamentação

---

profissionais de destaque interessados em contribuir para o desenvolvimento do nosso Poder Judiciário. Disponível em: <https://www.premioinnovare.com.br>. Acesso em 13 jan. 2020.

135 BRASIL. Conselho Nacional de Justiça. Procedimento de Controle Administrativo 000325194.2016.2.00.0000, Relatora: Conselheira Daldice Santana, publicado no Diário de Justiça Eletrônico em 26 jun. 2017.

permitindo o uso do aplicativo, que a empresa proprietária do aplicativo WhatsApp ofende a Lei nº 12.965/2014, o Marco Civil da Internet, a redução de força de trabalho para desempenhar a nova tarefa e que o sistema era impróprio, tendo em vista a ausência de sanções quando não correspondidas as intimações, fazendo-se eficazes tão apenas quando fossem de interesses dos intimados.

Diante da proibição, o Juiz Gabriel Consigliero Lessa acionou o Conselho Nacional de Justiça (CNJ), através do Procedimento de Controle Administrativo (PCA) nº 0003251-94.2016.2.00.0000, pleiteando a ratificação da Portaria Conjunta 01/2015, a fim de que validasse as intimações via aplicativo, sobretudo porquê as novas tecnologias reduziriam o custo e gerariam uma celeridade processual no âmbito do Poder Judiciário.

No dia 26 de julho de 2017, o Conselho Nacional de Justiça aprovou, por unanimidade[136], a utilização do aplicativo WhatsApp como recurso para intimação para os

---

136   VERDÉLIO, A. CNJ autoriza uso do WhatsApp para intimações judiciais. **Agência Brasil**, 2017. Disponivel em: <http://agenciabrasil.ebc.com.br/geral/noticia/2017-06/cnj-autoriza-uso-do-WhatsApp-para-intimacoes-judiciais>. Acesso em: 13 jan. 2020.

Juizados Especiais Cíveis e Criminais, através do PCA anteriormente mencionado, acarretando na regulamentação desta forma de comunicação dos atos processuais.

Para tanto, em seu voto, a conselheira do processo Daldice Santana, relatora do processo, mencionou o art. 2º da Lei 9.099/95, onde estão elencados os princípios norteadores dos Juizados Especiais Cíveis e Criminais nas esferas estaduais, sendo eles a oralidade, simplicidade, informalidade, economia processual e celeridade, buscando, sempre que possível, a conciliação ou transação.

Diante destes princípios, é claro notar o interesse do judiciário em aproximar-se da população e oferecer para esta uma prestação jurisdicional mais rápida e menos burocratizada do que a oferecida pelas varas de justiça comum para tratar de assuntos menos complexos.

Além dos princípios dos Juizados Especiais Estaduais, foi mencionado o CPC de 2015, em seu artigo 190, o qual permite que as partes, desde que sejam plenamente capazes e quando admitida a auto composição, adéquem o procedimento ao caso concreto, de maneira a tornar mais fácil a solução do conflito.

O parágrafo único deste artigo coloca o juiz como um fiscal a fim de validar o que foi acordado. Para isto, o juiz pode agir de ofício ou provocado por alguma das partes, para que nenhuma destas saiam em grande desvantagem diante de cláusulas abusivas ou que as deixem vulneráveis.

Neste sentido, Montenegro Filho[137] explica que o artigo 190 é democrático, contudo, a norma se embasa na premissa de que as partes são iguais em dois aspectos, sendo eles, o técnico e o financeiro, e essa igualdade impede que uma se sobreponha à outra, mas, na prática, isto não ocorre. Por isso, conforme disposto no parágrafo único desse artigo, o juiz deve intervir e recusar o que foi acordado entre as partes quando o Princípio da Boa-fé for agredido.

Amparado neste dispositivo, a conselheira do processo Daldice Santana conclui que "atualmente, as partes são atuantes não apenas na decisão de seu conflito, mas também na escolha do procedimento para tratá-lo". Desta maneira, entende que o projeto do juiz está totalmente

---

137   MONTENEGRO Filho, M. **Novo Código de Processo Civil comentado**. 3ª. ed. São Paulo: Atlas, 2018.p 231.

harmônico com os princípios norteadores dos Juizados Especiais, sem qualquer vício, já que não impõe nada às partes.

Tratando-se da esfera dos Juizados Especiais, o artigo 19 da Lei 9.099/95 prescreve que as intimações serão feitas nas formas previstas para a citação ou qualquer outro meio idôneo de comunicação, considerando-se intimados em audiência, conforme §1, dos atos praticados nesta. Assim, o uso da ferramenta WhatsApp é acolhido pela lei 9.099/95, por tratar-se de um meio idôneo.

O art. 277, do Código de Processo Civil em vigência, prevê ainda que "quando a lei prescrever determinada forma, o juiz considerará válido o ato se, realizado de outro modo, lhe alcançar a finalidade". Nota-se o interesse do legislador em aproveitar os atos processuais quando atingidas sua finalidade, de forma que garantam mais celeridade processual.

Explica Montenegro Filho que o processo se trata de meio para atingir o direito material, devendo ser validado o ato mesmo que este não seja revestido pela lei, contudo, deve-se ter cuidado, pois para que este ato seja valido, não poderão ser feridos os princípios do contraditório, da ampla defesa e da isonomia.

Após a validação do CNJ acerca do uso do aplicativo WhatsApp como uma via de comunicação dos atos processuais, vários estados do Brasil começaram a utilizar esta forma de intimação em seus Juizados Especiais, tendo em vista seus benefícios, tanto na celeridade processual quanto em custas ao Estado, já que a Lei nº 9.099/95, em seu art. 54, dispensa o pagamento de custas, taxas ou despesas em primeira instância.

4. BREVES CONSIDERAÇÕES SOBRE A COVID-19 E AS COMUNICAÇÕES DOS ATOS PROCESSUAIS

Não obstante toda a fundamentação anterior, o atual estado pandêmico ocasionado pelo vírus da Covid-19, sobretudo pela necessidade de distanciamento social, e as orientações, portarias, recomendações diariamente criadas pelos Tribunais estaduais e superiores, mostrou-se necessário a relativização dos princípios inerentes às comunicações dos atos processuais, havendo plena utilização dos meios eletrônicos sociais para prática forense, que era, antes da pandemia, algo improvável.

No âmbito criminal, especialmente, já se vem reconhecendo a inexistência de vício em citações realizadas pelo aplicativo mensageiro, corroborando:

> 1. HABEAS CORPUS. CITAÇÃO POR MEIO DO WHATSAPP. PROVIMENTO Nº 86/2019 E RECOMENDAÇÃO Nº 5169736. PORTARIA Nº 624/2020. CONSENTIMENTO DO RÉU. AUSÊNCIA DE PREJUÍZO PARA A DEFESA. NULIDADE DO ATO POR INOBSERVÂNCIA DE FORMALIDADE LEGAL. NÃO OCORRÊNCIA. ORDEM DENEGADA. 1. Não obstante a

122

previsão legal de que a citação do réu deva se dar pessoalmente, por meio de oficial de justiça, com a expedição de mandado de citação, nos termos do art. 351 do CPP, não se pode olvidar que estamos passando, atualmente, por situação excepcional, a qual exige sejam adotadas medidas para manutenção do distanciamento social, de modo a evitar a contaminação pelo novo coronavírus - Covid 19, o qual já causou a perda de inúmeras vidas, estando a vacinação ainda em sua fase inicial. Logo, a adoção de formas alternativas para cumprimento dos atos processuais, desde que não causem prejuízo às partes, mostra-se não apenas adequada, como necessária. 2. O oficial de justiça, autorizado por atos normativos da Corregedoria da Justiça Federal da 4ª Região - Provimento nº 86/2019 e Recomendação nº 5169736 - e do próprio Juízo de origem - Portaria nº 624/2020 - diligenciou para obter o número do telefone celular da ré, entrou em contato com ela para saber se este aceitaria ser citada por meio do aplicativo WhattsApp e, diante da sua concordância, enviou-lhe o mandado de citação, juntamente com a cópia da denúncia, obtendo o seu ciente, bem como o pedido de representação pela Defensoria Pública da União, tudo certificado conforme documentos anexados nos autos originários. 3. O ato cumpriu com a sua finalidade, qual seja, de dar ciência à acusada da imputação que lhe está sendo feita, a fim de que esta possa se defender. 4. Quanto a eventual prejuízo na defesa, não se desincumbiu a Defensoria Pública de demonstrar onde este residiria, limitando-se as suas alegações à existência de vício formal na citação. Precedente. 5. O mandado de citação consigna expressamente que a ré, se assim o desejar, deverá procurar a Defensoria Pública da União para efetuar a sua defesa, indicando, inclusive o seu endereço e telefone. De qualquer forma, poderia a Defensoria Pública se utilizar do mesmo expediente adotado pelo oficial de justiça para uma comunicação imediata e direta com a ré, ora paciente. 6. Ordem denegada. (TRF 4ª R.; HC 5060088-66.2020.4.04.0000; Sétima Turma; Relª Desª Fed. Cláudia Cristina Cristofani; Julg. 26/01/2021; Publ. PJe 28/01/2021)

2. A CITAÇÃO em ação penal realizada por meio do WHATSAPP é VÁLIDA, como medida de segurança contra a pandemia da COVID-19, se demonstrado que o réu tomou conhecimento do processo em seu desfavor. A Defensoria Pública impetrou habeas corpus, apontando como autoridade coatora o Juízo do Juizado Especial de Violência Doméstica e Familiar contra a Mulher, que considerou VÁLIDA CITAÇÃO realizada por meio de aplicativo de celular de acusado pela prática de crime de ameaça contra a companheira. Requereu a nulidade do ato por entender que, na seara criminal, não há previsão legal de CITAÇÃO por telefone, tampouco via WHATSAPP. Ao examinarem o writ, os Desembargadores esclareceram que a CITAÇÃO em matéria processual tem como finalidade dar ciência ao indivíduo acerca da instauração de uma ação em seu desfavor e promover o chamamento ao Juízo para se defender. Ressaltaram que, em razão do contexto pandêmico, o Tribunal passou a adotar medidas que permitam a continuidade dos trabalhos de forma segura, dentre elas a possibilidade de o oficial de

justiça realizar CITAÇÃO em ação penal por meio eletrônico, nos termos da Portaria GC 155, do TJDFT. Segundo os Magistrados, referida autorização guarda consonância com a a Resolução 354/2020, do Conselho Nacional de Justiça, a qual dispõe sobre a VALIDAde da CITAÇÃO e da intimação por meio digital, quando lavradas em certidões que demonstrem a forma como o destinatário foi identificado e como tomou conhecimento do teor da comunicação. Nesse contexto, apontaram que, em decisão proferida pela Corregedoria desta Corte de Justiça (PA 0016466/2020), foi consignado que todos os mandados expedidos durante o regime extraordinário de trabalho podem ser cumpridos na plataforma CISCO/WEBEX ou em aplicativo de mensagem que possua criptografia e segurança compatíveis com os atos judiciais. No caso, os Julgadores asseveraram que não há dúvidas de que o paciente tomou ciência do ato, principalmente por ter manifestado interesse em ser assistido pela Defensoria Pública, além de ter declarado, de forma expressa e inequívoca, que aceitaria receber as comunicações processuais por mensagem devido ao risco de contágio do coronavírus. Assim, a Turma concluiu pela inexistência de ilegalidade na decisão atacada e, por não ser o habeas corpus substitutivo de recurso próprio, não conheceu do remédio constitucional.Acórdão 1311176, 07530607420208070000, Relator: Des. JOÃO TIMÓTEO DE OLIVEIRA, Segunda Turma Criminal, data de julgamento: 17/12/2020, publicado no PJe: 27/1/2021.

3. HABEAS CORPUS - PORTE ILEGAL DE ARMA DE FOGO DE USO PERMITIDO - Alegação de nulidade da citação realizada por intermédio do aplicativo 'WhatsApp' - Não ocorrência - Prejuízo não demonstrado no caso - Inteligência do artigo 563 do Código de Processo Penal - Paciente que ainda aceitou a citação, requerendo inclusive a nomeação de Defensor Público - Procedimento justificado ante a situação excepcional de pandemia causada pelo novo 'coronavírus' (COVID-19), evitando-se, com isso, o contato pessoal e desnecessário entre os envolvidos no ato judicial - Audiência para acordo de não

persecução penal já designada - Constrangimento ilegal não evidenciado - Ordem denegada. (TJSP; Habeas Corpus Criminal 2231411-48.2020.8.26.0000; Relator (a): Nelson Fonseca Junior; Órgão Julgador: 10ª Câmara de Direito Criminal; Foro Central Criminal Barra Funda - 13ª Vara Criminal; Data do Julgamento: 03/12/2020; Data de Registro: 04/12/2020)

Todavia, em pese a motivação tenha sido a pandemia e o consequente distanciamento social, vejamos que a anuência da parte citada implica tacitamente na renúncia a um eventual vício, nos moldes explicados por esta obra.

De tal sorte, como não é pretensão deste autor discorrer sobre a pandemia e as alterações normativas em si, cabe esclarecer que o operador do direito, no âmbito de suas atividades, não deve se desenvencilhar dos pilares constitucionais e normativos que ditam o ordenamento jurídico vigente, salvo para casos extremos, não devendo a exceção prevalecer sobre a regra.

Decorre de todo o sistema normativo e hermenêutica interpretativa balizar a visão adaptativa das novas ordens jurídicas com os primados e pilares fundamentais da respectiva estrutura jurídica, qual seja, os princípios constitucionais imanentes.

A isto não se pode afastar e tampouco ignorar o estado garantista a que permeia a atividade jurisdicional, notadamente na seara criminal, cuja interpretação diversa constitui flagrante ato inconstitucional com o devido processo penal.

Em campo da legislação específica dos Juizados Especiais não se tem tamanha dificuldade em sua compreensão técnica, mas, ainda assim, de se garantir o legítimo e regular conhecimento da manejada ação e correspondente exercício de defesa, sem o que, eivado de vício estará o exercício do contraditório e ampla defesa.

Bem por isso, ainda que se possa admitir a exceção aqui verificada, com rigor de cautela sua utilização para não apequenar até mesmo a principiologia maior da instrumentalidade de formas, que ainda de certo modo mitigada, exigir rigor de forma para sua concepção.

Certo que o "novo mundo" a ser trilhado após a esperada cessação dos efeitos da COVID – 19 nos mostrará, também, novos caminhos jurídicos a ser explorado para um aprimoramento menos rígido das normas.

Entrementes, tal não significa devaneio das regras estruturais e dos pilares fundamentais dos institutos em apreço, ainda que, voltando à infeliz realidade, não se possa estagnar as funções comportamentais a atingir o ápice procedimental almejado.

Em outras palavras, mesmo diante dos esforços impingidos pelo Poder Judiciário e seus agentes na concessão da prestação jurisdicional, tal não pode ser o motivo e tampouco o fundamento para quebra brusca de institutos consagrados em milenar tempo.

Mesmo que compreensível e não consentido, sobretudo a fim de se evitar "paralisação" do sistema legal, o exercício regular da tutela jurisdicional pretendida está a exigir o arrimo a toda estrutura normativa.

O que será exceção e o que será regra em um futuro não distante, dependerá exclusivamente do sucesso ou não destas decisões e atos normativos, sobretudo quando de sua discussão no Superior Tribunal de Justiça e no Supremo Tribunal Federal.

O meio eletrônico veio sem duvida alguma a auxiliar os operadores do Direito a melhor e mais eficazmente conduzirem os atos processuais a serem praticados, onde regras gerais aplicáveis ainda se mostram em plena harmonia com a sistemática evolutiva de tais institutos.

Também entendimento diverso poderá ocasionar o engessamento do modo pelo qual os atos processuais são exercidos, fato que, por igual razão, não pode chegar a impedir a regular operacionalização dos atos.

Até porque também tal circunstância não pode servir de pretexto normativo a criar injustas protelações no processo, que assim merece melhor análise particular de caso a caso.

CONSIDERAÇÕES FINAIS

Conforme exposto nesta obra, a citação, desde os primórdios da histórica jurídica processual, possui função de imperiosa importância ao processo, sendo um dos primeiros atos a serem praticados nos autos.

No ordenamento jurídico pátrio, o ato processual em comento transparece o princípio constitucional do contraditório e da ampla defesa, possuindo função cientificadora para o cintando acerca do teor dos fatos e dos fundamentos dos pedidos que lhe são demandados.

Dada a sua fundamental importância, fato é que a citação se encontra subordinada a requisitos previamente definidos em lei, incumbindo a todos da relação processual, como as partes e o juízo, zelarem por sua forma e função, evitando vícios capazes de causar a nulidade de todo o procedimento.

Entretanto, com a era digital, diversos atos processuais passaram a ser realizados virtualmente, como no caso das publicações no Diário Judicial Eletrônico (DJE).

Neste ponto, outras modalidades de cumprimento destes atos passaram a surgir, como no caso das intimações através do aplicativo WhatsApp, como forma de modernizar, acelerar e simplificar os processos judiciais regidos no âmbito da esfera de justiça especializada dos Juizados Especiais.

Assim sendo, a jurisprudência passou a atuar no sentido de que, em que pese haver a aplicabilidade das intimações utilizando o aplicativo mensageiro nos processos regidos à luz da Lei 9.099/95, a citação realizada da mesma forma possui vício de formalidade, uma vez que carece de legislação regulamentadora, em qualquer rito e esfera de justiça, surgindo daí a sua impossibilidade de aplicação.

É que, muito embora a modernização do Judiciário seja tentadora, ao argumento de que o tradicionalismo intrínseco ao Poder Judiciário o torna dormente, podemos observar que instituto em comento pouco mudou ao longo da história processual, sendo mantido incólume por diversas eras, e não por acaso.

Tendo função de não só cientificar o citando, a citação formaliza o procedimento através da vinculação das partes ao Estado-Juiz, de modo a dar início a lide de fato.

Em que pese argumentos contrários acerca da citação traduzir-se na formação da relação processual, ou tratar-se de requisito de validade procedimental, certo que o instituto carece de requisitos básicos para seu cumprimento, não podendo ser reduzido a um mero ato eletrônico.

Assim, mostra-se necessário uma menor celeridade procedimental em favor da validade do conjunto, sobretudo a se considerar que o Poder Judiciário não pode trabalhar com riscos de nulidade e ineficácia de seus atos, ou seja, até que haja uma lei autorizativa, a ausência de regulamentação impossibilita formalmente a utilização de aplicativos mensageiros para o cumprimento do ato citatório no âmbito processual brasileiro.

Desta forma a obra fora estruturado de modo a possibilitar uma anterior compreensão do instituto da citação, demonstrando, portanto, o que é citação, fundamentando o título com doutrinas clássicas e contemporâneas, além de julgados, tudo de forma a exemplificar e dar uma melhor definição de citação.

Após, no mesmo capítulo, foi dado prosseguimento na origem do ato citatório, através do direito natural e divino, passando a Roma antiga e o direito lusitano, origem do direito português, e por consequência, o brasileiro, consumando na previsão constitucional de princípios norteadores do direito processual civil, que são, por óbvio, respeitados no cumprimento da citação.

O segundo capítulo, trata sobre o instituto da citação no âmbito processual civil, mostrando como é feito atualmente, com todas as suas particularidades e requisitos, demonstrando, além disso, as consequências da não observância dos preceitos legais, como a nulidade, fazendo-se, ao final, uma distinção conceitual e legal sobre a citação e intimação, a qual mostrou-se necessária para a introdução do próximo capítulo.

Finalizando a pesquisa, o terceiro capítulo faz uma breve introdução ao WhatsApp, mostrando todas as possíveis dificuldades e consequências da utilização do aplicativo como método citatório, de modo a pontuar, de forma singela, a necessidade das formalidades exigidas, mesmo que com ela venha a morosidade processual.

Realizando um exercício de reflexão, a obra permite observar que o direito brasileiro se encontra em constante evolução, norteado principalmente pela estruturação menos formal e célere, já que este era o interesse do legislador na elaboração do Código de Processo Civil de 2015.

Entretanto, tal evolução não teve condão para modificar o ato de mais importância na fase inicial do processo, a citação, instituto enraizado às suas matrizes históricas, e assim deve ser, sobretudo de modo a proteger os jurisdicionados e evitar eventuais nulidades.

REFERÊNCIAS BIBLIOGRÁFICAS

ALMEIDA, F. H. M. **Ordenações Filipinas (anotadas).** São Paulo: Saraiva, vols. 1 e 3, 1966.

ALVIM, A. A. e col. **Comentários ao Código de Processo Civil.** 2. ed. São Paulo: Saraiva, 2017.

ALVIM, E. A. **Curso de direito processual civil.** São Paulo: Editora Revista dos Tribunais, 1998, v. 1.

ARAGÃO, E. D. M. **Comentários ao Código de Processo Civil.** 8 ed. Rio de Janeiro: Forense, vol II, arts. 154-269, 1995.

BRASIL. Código de Processo Civil. **Planalto**, 2015. Disponível em: <http://www.planalto.gov.br/ccivil_03/_ato2015-2018/2015/lei/l13105.htm>. Acesso em: 10 jan. 2020.

BRASIL. **Conselho Nacional de Justiça.** Procedimento de Controle Administrativo 000325194.2016.2.00.0000,

Relatora: Conselheira Daldice Santana, publicado no Diário de Justiça Eletrônico em 26 jun. 2017.

BRASIL. Constituição da República Federativa do Brasil de 1988. **Planalto**, 1988. Disponível em: <http://www.planalto.gov.br/ccivil_03/constituicao/constitu icao.htm>. Acesso em: 27 jan. 2020.

BRASIL. **Lei nº 9.099, de 26 de setembro de 1995**, 1995. Disponível em: <http://www.planalto.gov.br/ccivil_03/leis/l9099.htm>. Acesso em: 19 fev. 2020.

BUENO, C. S. **Manual de direito processual civil:** inteiramente estruturado à luz do novo CPC, de acordo com a Lei n. 13.256, de 4-2-2016. 2. ed. São Paulo: Saraiva, 2016.

CÂMARA, A. F. **Lições de Direito Processual Civil.** 20. ed. Rio de Janeiro: Lumen Juris, 2010. v. 1.

CAPEZ, F. **Curso de Direito Penal – Parte Geral.** 5 ed. São Paulo: Saraiva, 2005.

CAPUTO, P. R. S. **Novo Código de Processo Civil Articulado:** remissões, referências, comentários e notas, quadro comparativo. 2. ed. Leme: JHMIZUNO. 2016.

CARDOSO, R. A. MACHI, A. C. SILVA, D. F. N. **A herança do direito romano no direito brasileiro.** 2014.

CARVALHO, K. G. **Direito constitucional:** teoria do estado e da constituição direito constitucional positivo. 12. ed. Belo Horizonte: DelRey, 2006.

Comunicado CG nº 2265/2017, **Tribunal de Justiça do Estado de São Paulo**, 2017. Disponível em: <http://www.tjsp.jus.br/Corregedoria/Comunicados/Comunicado?codigoComunicado=13752&pagina=6> Acesso em: 03 jan. 2020.

Conjur. WhatsApp pode ser usado para intimações nos juizados especiais. **Consultor Jurídico**, 2017. Disponível em <https://www.conjur.com.br/2017-jun-28/WhatsApp-usado-intimacoes-juizados-especiais> Acesso em 19 de fevereiro de 2020.

DIDIER Jr, F. **Curso de direito processual civil:** introdução ao direito processual civil, parte geral e processo de conhecimento. 19. ed. Salvador: Jus Podivm, 2017.

DIDIER Jr. F. **Curso de direito processual civil:** introdução ao direito processual civil e processo de conhecimento. 13. ed. Salvador: Juspodivm, 2011. v. 1.

FRANCO, G. C. O contraditório e a ampla defesa no direito processual civil. **Jusbrasil**, 2016. Disponível em <https://giovannifranco.jusbrasil.com.br/artigos/253607564/o-contraditorio-e-ampla-defesa-no-direito-processual-civil> Acesso em 27. jan. 2020.

FRIEDE, R. **Repensando a atuação do Poder Judiciário:** O caso WhatsApp. Revista da Emerj, 016. v. 19, n.73, p. 240.

GONÇALVES, M. V. R. **Novo Curso de Direito Processual Civil.** São Paulo: Saraiva, 2018.

GORERI, J. Da citação e sua natureza jurídica e suas modalidades previstas no novo Código de Processo Civil. **Jus,** 2017. Disponível em <https://jus.com.br/artigos/59434/da-citacao-e-sua-natureza-juridica-e-suas-modalidades-previstas-no-novo-codigo-de-processo-civil> Acesso em 29 jan. 2020.

JEREISSATI, T. Projeto de lei do senado nº 176, de 2018. **Senado Federal,** 2018. Disponível em <https://legis.senado.leg.br/sdleg-getter/documento?dm=7717361&ts=1581945520587&disposition=inline> Acesso em 18 de fevereiro de 2020.

LEITE, G. A história de citação. **Aduaneiras,** 2007. Disponível em <http://sisnet.aduaneiras.com.br/lex/doutrinas/arquivos/240507.pdf> Acesso em 07 jan. 2020.

MARQUES, J. **Instituições de direito processual civil.** 2000.

MARQUES, J. **Manual de direito processual civil.** 1998.

MEIRA, S. A. B. **A lei das XII Tabuas – Fonte do Direito Público e Privado.** 3. ed. Rio de Janeiro: Forense, 1972.

MENDONÇA JR. D. **Princípios da ampla defesa e da efetividade no processo civil brasileiro.** São Paulo: Malheiros Editora, 2001.

MIRANDA, P. **Comentários ao Código de Processo Civil,** tomo III: arts. 154 a 281 3. ed. Rio de Janeiro: Forense, 1996.

MITIDIERO, D. **Colaboração no Processo Civil.** Pressupostos Sociais, Lógicos e Éticos. 2ª. ed. São Paulo: RT, 2011.

MONTEIRO, J. **Tomo I.** 6ª ed. Rio de Janeiro: Editor Borsoi, 1956.

MONTENEGRO Filho, M. **Curso de direito processual civil.** São Paulo: Editora Atlas, 2009, v. 1.

MONTENEGRO Filho, M. **Novo Código de Processo Civil comentado.** 3ª. ed. São Paulo: Atlas, 2018.

NEGRÃO, T. GOUVÊA, J. R. F. BONDIOLI, L. G. A. FONSECA, J. F. N. **Novo Código de Processo Civil e legislação processual em vigor.** 48ª. ed. São Paulo: Saraivajur, 2017.

NITÃO, F. E. A citação nos moldes do novo código de processo civil e seus efeitos práticos. **Jusbrasil**, 2017. Disponível em: <https://edgarlnitao.jusbrasil.com.br/artigos/474762067/a-citacao-nos-moldes-do-novo-codigo-de-processo-civil-e-seus-efeitos-praticos> Acesso em 10 de jan. 2020.

PEREIRA, P. TOLEDO, L. F. MONNERAT, A. Disseminação de "fake news" para atacar candidatos marca eleição. **Exame**, 2018. Disponível em <https://exame.abril.com.br/brasil/disseminacao-de-fake-news-para-atacar-candidatos-marca-eleicao/> Acesso em 26 jan. 2020.

Prêmio Innovare. Disponível em: <https://www.premioinnovare.com.br>. Acesso em 13 jan. 2020.

QUINTÁS, A. L. A manipulação do homem através da linguagem. **Mandruvá**, 2001. Disponível em <http://www.hottopos.com/mp2/alfonso.htm> Acesso em 26 jan. 2020.

RAMOS, V. P. **Ônus da Prova no Processo Civil.** Do Ônus ao Dever de Produzir Provas. São Paulo: Editora RT, 2015.

SALGUEIRO, A. A. A e col. **Ordenações Filipinas on-line.** Disponível em: <http://www1.ci.uc.pt/ihti/proj/filipinas/ordenacoes.htm>, acesso em 24 de jan. 2020.

SANTANA, A. NETO, J. A. e col. **Novo CPC:** análise doutrinária sobre o novo direito processual brasileiro. 1. ed. Campo Grande: Contemplar, 2016.

SARLET, I. MARINONI, L. G. MITIDIERO, D. **Curso de Direito Constitucional.** São Paulo: RT, 2012.

SILVA, V. A. **A citação nas Ordenações do Reino Lusitano.** Revista Magister de Direito Civil e Processual Civil nº 14 – Set/Out de 2006.

SS RANA & CO. Índia: Summons now also via WhatsApp. **Lexology,** 2018. Disponível em: <https://www.lexology.com/library/detail.aspx?g=22752e9 4-9235-417f-b38f-5973cce1ea2f> Acesso em: 09 dez. 2019.

STRECK, L. L. NUNES, D. CUNHA, L. C. FREIRA, A. **Comentários ao Código de Processo Civil.** São Paulo: Saraiva, 2016.

THEODORO Júnior, H. **Curso de Direito Processual Civil.** 59. ed. Rio de Janeiro: Forense, v. 1, 2018.

THEODORO Júnior, H.. **Curso de direito processual civil.** 35. ed. Rio de Janeiro: Forense, 2000.

VANCIM, A. R. GONÇALVES, J. E. J. **Lei dos Juizados Especiais Anotada e Interpretada.** – Cível, Criminal e Fazenda Pública. Leme: Mundo Jurídico, 2016.

VENOSA, S. S. **Direito Civil:** Parte Geral. 4 ed. São Paulo: Atlas, vol 1, 2004.

VERDÉLIO, A. CNJ autoriza uso do WhatsApp para intimações judiciais. **Agência Brasil**, 2017. Disponível em: <http://agenciabrasil.ebc.com.br/geral/noticia/2017-06/cnj-autoriza-uso-do-WhatsApp-para-intimacoes-judiciais>. Acesso em: 13 jan. 2020.

WAMBIER, T. A. A. e Outros. **Breves Comentários ao Novo Código de Processo Civil.** São Paulo: Revistas dos Tribunais. 2016.